## Du même auteur

- ***Yoga et expression corporelle pour les enfants,*** Éd. Albin Michel - 1987.
- ***Yoga pour futures mamans,*** Éd. Albin Michel - 1988.
- ***Yoga et troisième âge,*** Éd. Albin Michel - 1989.
- ***Sport et yoga,*** Éd. Albin Michel - 1990.
- ***Yoga, santé et vie quotidienne,*** Éd. Terradou - 1991.
- ***Guide anti-stress (la santé des soignants),*** Éd. Lamarre - 1993.
- ***Yoga à deux et massages relaxants,*** Éd. Equilibres d'aujourd'hui - 1993.
- ***Être professeur de yoga,*** Éd. Equilibres d'aujourd'hui - 1993.
- ***Apprenez à mieux respirer,*** Éd Ellebore - 1994.
- ***Massages pour les bébés et les enfants,*** Éd. Albin Michel - 1997.

Jacques Choque est aussi l'auteur de nombreuses cassettes audio et vidéo et de compact-disques, que vous pourrez obtenir en vous adressant à :

**Association Corps-Communication**
La Hervière
50380 Saint-Pair-sur-Mer
Tél. / Fax : 02 33 51 43 49.

Jacques Choque

# concentration et relaxation *pour les enfants*

*Illustrations de*
Charles Giai-Gischia

Albin Michel

# introduction

Après la publication du guide pratique *Yoga et expression corporelle pour enfants et adolescents,* nous avons poursuivi nos recherches et, grâce à nos stages, nous avons pu faire se confronter de nombreuses expériences pédagogiques que des enseignants, animateurs, éducateurs, psycho-motriciens... ont réalisées dans leurs lieux éducatifs respectifs. Tous les exercices proposés, inspirés à l'origine principalement du yoga (puis ultérieurement de la sophrologie, de la gym douce, du stretching...), ont reçu et continuent de recevoir un écho très favorable de la part des enfants. S'étirer le matin en se levant, ou en arrivant à l'école, se concentrer avant une dictée ou une leçon, apprendre à mieux respirer en séance d'A.P.S., sont devenus chose courante pour de nombreux enfants ayant pour enseignants des personnes pratiquant les disciplines citées.

Mais les parents ont bien évidemment, eux aussi, un rôle capital à jouer dans cet apprentissage : c'est pourquoi nous avons choisi de proposer des services simples et efficaces, pouvant être aisément effectués à la maison, même dans un espace restreint, et ne nécessitant aucun matériel spécifique.

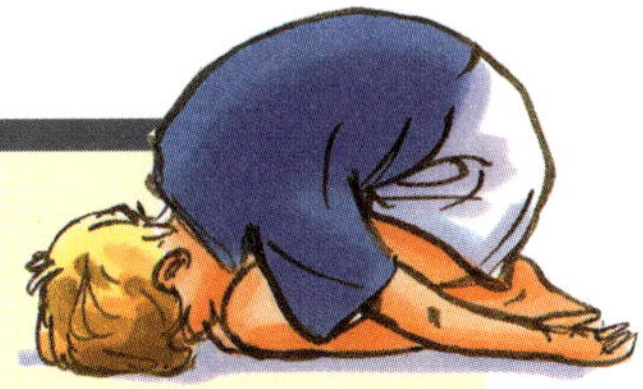

Aussi nous paraît-il, au vu des résultats obtenus, plus que souhaitable que soient introduites à l'école les techniques de relaxation et de concentration et qu'elles trouvent, en famille, un prolongement naturel. Elles favoriseront une meilleure intégration du schéma corporel, l'autorégulation des énergies ainsi qu'une plus grande autonomie, fondement de tout véritable système éducatif.

À travers cet ouvrage, bon nombre de pédagogues, d'éducateurs et de parents pourront ainsi se lancer dans une aventure passionnante. Mais attention, il ne s'agit pas d'une somme de recettes que n'importe qui pourrait appliquer n'importe comment. Les exercices proposés doivent être considérés comme des points de repère et il est impératif que les adultes expérimentent d'abord sur eux-mêmes les différentes techniques. On ne peut imaginer un maître-nageur n'ayant jamais mis les pieds dans l'eau ! Il est donc nécessaire que soient lues en premier lieu les quelques pages que nous proposons ici en guise de "mode d'emploi". Sans oublier l'essentiel : un certain état d'esprit, indispensable si l'on veut offrir aux enfants bien plus qu'une technique de bien-être, un véritable art de vivre

en guise de

# MODE D'EMPLOI

*Enquêtes, recherches et sondages ont montré que les rythmes scolaires ne respectaient pas les rythmes biologiques des enfants. Victimes des impératifs de la vie moderne, ces derniers ont une façon de travailler, de se reposer, de se nourrir, donc de vivre, contraire "au cours naturel des choses".*

*Certes, ici et là des projets éducatifs naissent, murissent, parfois se concrétisent, mais ces entreprises – en dépit des mises en garde des plus grands chercheurs – en restent le plus souvent au stade expérimental. Or il faut savoir que la journée d'un enfant n'est pas homogène, qu'elle comporte des pointes d'attention, mais aussi de formidables creux. Il faut donc essayer d'adapter le programme d'une journée aux possibilités réelles des enfants et, dans le même temps, de donner à ceux-ci des moyens simples et efficaces pour mieux se connaitre et apprendre ainsi à s'auto-réguler. Pour cela, le travail de relaxation et de concentration est très utile, car il permet non seulement de se détendre, mais aussi d'être plus disponible, plus réceptif, plus lucide. Nous proposons donc ici aux adultes un ensemble d'exercices qui, alliés à leur savoir-faire et à leur imagination, vont permettre aux enfants d'apprendre et plus généralement de vivre chaque moment de leur journée, dans les meilleures conditions possibles. Car la bonne volonté et l'enthousiasme ne suffisent pas toujours pour être efficace sur le plan pédagogique. Un minimum de bagages techniques (exercices pratiques) est nécessaire ainsi que la connaissance de quelques principes pour les appliquer. Les enseignants ou les parents doivent pouvoir faire face à de multiples situations grâce à des techniques simples et facilement assimilables. Mais ces techniques ne sont pas à utiliser de n'importe quelle façon. L'adulte doit donc être présent en tant que guide et avoir lui-même déjà effectué un certain parcours.*

## 1 L'adaptation, base de toute action pédagogique

Afin de faire apprécier les exercices proposés dans cet ouvrage, il convient de les adapter en fonction de l'âge des enfants, du lieu de pratique, du moment et de la durée des séances. Mais ce sont surtout les objectifs que s'est fixés l'adulte qui vont déterminer cette adaptation. En fonction des besoins, il se servira de certains exercices pour ramener le calme ou au contraire pour dynamiser, ou encore pour améliorer la disponibilité psycho-corporelle...

## 2 L'âge des enfants

Dès la grande section de maternelle, les enfants peuvent s'initier aux différentes techniques que nous proposons. Il convient avant tout, à cet âge, d'insister sur l'aspect ludique de l'activité et d'accepter que certains exercices ne plaisent pas. Puis, plus les enfants sont grands, plus la durée des séances peut augmenter et plus la concentration requise peut être importante.

## 3 Le vocabulaire

Les mots employés ne doivent pas constituer un obstacle à la compréhension. Pour les tout jeunes enfants, l'adulte emploiera des expressions très imagées et correspondant bien à leur vie quotidienne. C'est ce que nous nous sommes efforcés de proposer ici, aussi bien dans les différents jeux des animaux que dans "le gros ballon", "le parapluie", "l'arbre magique"... Puis, au fur et à mesure des séances et selon l'âge des enfants, le vocabulaire deviendra de plus en plus précis ; nous conseillons d'ailleurs de ne pas hésiter à utiliser des planches d'anatomie en faisant sentir en même temps les différentes parties du corps nommées ou observées. Ainsi "portez votre attention sur le dos" pourra devenir très rapidement : "portez votre attention sur les omoplates, les lombaires...".

Une autre méthode consiste à faire vivre un exercice aux enfants en leur demandant ensuite de le nommer. Il s'établit ainsi une sorte de communion dans le groupe et l'appropriation du jeu n'en est que plus grande. On peut les associer encore plus étroitement en les incitant à trouver des variantes ou des progressions possibles. On sera surpris par leur capacité d'imagination, leur sens de l'observation et leur goût de la précision.

À partir de cet intérêt pour la découverte du corps, l'adulte pourra établir des liens avec les disciplines du programme scolaire : dessin, lecture, écriture... On s'apercevra ainsi des progrès qui peuvent être réalisés dans l'organisation de l'espace, l'hygiène, le respect de l'autre...

## 4 Le lieu, le matériel, la tenue

Une évidence s'impose tout d'abord : plus les conditions matérielles seront optimisées, plus il sera facile à l'adulte et aux enfants de travailler, et ceci, quelle que soit la discipline. L'idéal serait donc de disposer d'une pièce spécialement affectée aux techniques proposées, si possible moquettée, bien chauffée, silencieuse, avec des rideaux pour créer une douce pénombre. Les murs, d'une couleur bleutée, seraient entièrement nus de façon à ce que l'attention soit maximale lorsqu'il y serait accroché une figure géométrique, un diagramme d'association... Une chaîne ou un magnétophone, de bonne qualité, compléterait cet ensemble afin d'offrir aux enfants des musiques propices à la relaxation.

Mais la réalité est souvent tout autre et c'est pourquoi sont proposés des exercices pouvant s'adapter à tout lieu. À l'école, on tentera de s'approcher des conditions idéales en aménageant une pièce (classe désaffectée par exemple), en se procurant des tapis (de gymnastique), si la salle n'est pas moquettée, et des couvertures pour pallier les effets négatifs du froid (qui provoque une contraction musculaire et nuit donc à l'effet de relaxation recherché). En centre de loisirs, le coin – ou la pièce – bibliothèque peut être utilisé puisque les groupes sont restreints. À la maison, la chambre des enfants est un espace suffisant, ou tout autre endroit où l'enfant se sente bien.

## 5 Le moment adéquat

Notre corps nous demande-t-il notre avis pour bailler, s'étirer ou soupirer ? Non, bien sûr. Il n'y a donc pas de moment particulier pour laisser s'exprimer les mouvements naturels de relaxation.

Par contre, selon les effets recherchés, on choisira tel ou tel exercice, à tel ou tel moment.

Il est logique, par exemple de proposer des exercices d'étirement et de relaxation le matin, puisqu'on demande aux enfants d'être disponibles pour toute la journée. En rentrant de récréation ou après une séance d'EPS, un retour au calme étant nécessaire, on choisira des exercices de respiration appropriés. Le passage constant d'une discipline à une autre ne nécessite-il pas une stimulation de l'attention ? Il s'agit donc d'établir des moments privilégiés pour se ressourcer, se recentrer. Et les enfants ressentent parfaitement ce besoin de calme et de silence.

L'enseignant devra donc instituer des séances de relaxation à heure fixe, si possible une fois par jour, au minimum deux fois par semaine. Il pourra inclure tous les exercices (de concentration, de visualisation) dans son enseignement. Enfin il pourra, lorsqu'il le sentira, proposer, à tout moment, des exercices appropriés afin de canaliser les énergies.

En dehors du temps scolaire, que ce soit en centre de loisirs ou à la maison, l'adulte devra choisir le moment propice en fonction de nombreux paramètres : les objectifs à court ou à long terme (veut-il simplement initier les enfants, souhaite-t-il utiliser les techniques dans un but bien précis tel que retrouver le calme après une activité excitante, les défatiguer ou, au contraire, les préparer à un effort ?), la disponibilité des enfants et surtout leur motivation. Tout est donc une question de bon sens, d'intuition, de doigté dans la manière de les intéresser et dans la façon de présenter les exercices.

En début de pratique, les enfants n'auront pas besoin de changer de tenue, le temps de relaxation étant trop court. On veillera seulement à ce que les vêtements ne gênent pas la respiration et permettent une grande liberté de mouvement. Cependant, si la durée de la pratique s'allonge, il serait préférable que les enfants portent un survêtement et des grosses chaussettes de laine.

## 6 La durée des séances

Lorsqu'on souhaite initier quelqu'un à une discipline, on doit déployer beaucoup de patience et ne pas être trop exigeant quant aux résultats. C'est pourquoi certains principes devront être respectés.

- Les premières séances devront être assez courtes. On parlera même de "temps" de relaxation plutôt que de séances (de 1 à 5 min).

- La durée et le choix des exercices seront fonction de l'âge des enfants.

- Les exercices proposés le seront bien évidemment dans la joie et la bonne humeur, sur un mode ludique gratuit c'est-à-dire sans recherche de résultat. À tout moment un enfant pourra donc ne pas réaliser tel ou tel exercice. Son "apprivoisement" ultérieur n'en sera que facilité.

- On alternera exercices connus et nouveaux jeux en utilisant les nombreuses variantes et progressions possibles proposées dans cet ouvrage.

- La durée idéale est donc celle qui ne crée pas de contrainte mais entraîne par contre une nouvelle demande ("Oh ! C'est déjà fini ?") , un enthousiasme, une motivation pour la prochaine séance ("Quand est-ce qu'on recommence ?"). L'essentiel, avant tout, est de prendre son temps.

Pour cette raison, la pratique du yoga peut aider les adultes dans leur démarche éducative. En effet, par analogie, les qualités physiques requises par le yoga (souplesse et fermeté) sont celles-là mêmes qui, du point de vue moral, sont nécessaires à l'éducation des enfants. En outre, est également important le fait de ressentir cette pratique comme faisant partie intégrante de la vie : elle n'est dès lors rien d'autre qu'une autodiscipline et les exercices s'effectuent naturellement, sans contrainte.

# exemples de séances types

Selon le temps dont on dispose, les séances pourront être plus ou moins longues.

**Séance d'une heure (à partir de 6 ans)**

• Exercices de préparation • Exercices de prévention • Exercices de respiration • Exercices de concentration • Exercices de relaxation.

**Séance d'une demi-heure (pour les 4-6 ans)**

Même canevas que pour la séance précédente mais en diminuant le nombre d'exercices et en les adaptant aux possibilités des enfants.

**La progression sur une année**

- Variantes des exercices de préparation.
- Variantes des exercices de respiration.
- Variantes des exercices de concentration.
- Exercices de relaxation de plus en plus profonde.

**Petite séance matinale (3 à 10 min)**

- Exercices de prévention en particulier pour étirer le dos.
- Exercices de respiration (n^os^ 26, 27, 28).
- Temps de concentration (silence et immobilité) et de visualisation.

**Petite séance en fin de journée (3 à 10 min)**

- Exercices de préparation (nos 1, 5, 22) ou de prévention (nos 93, 94).
- Exercices de relaxation (nos 49, 50) et de visualisation (no 89).

**Avant ou entre deux activités (2 à 5 min)**

- Exercices de respiration (nos 36, 39, 41).
- Exercices de concentration et de visualisation en rapport avec l'activité à venir.

**Avant toute séance d' E.P.S. (5 à 10 min)**

- Exercices dits de préparation ou de prévention pour s'étirer et se concentrer :
  - Exercices nos 2, 3, 4, 5, 6, 7, 8 et 9 pour préparer le corps.
  - Les jeux des animaux (nos 10 à 19) si l'on souhaite une préparation globale plus longue.
  - Exercices nos 93 et 94.
- Exercices de visualisation en rapport avec le thème de la séance.

**Après toute séance d' E.P.S. (5 à 10 min)**

- Exercices de respiration (nos 26, 27, 32, 35).
- Exercices de relaxation (nos 1, 43, 56).
- Exercices de visualisation en rapport avec le thème de la séance.

# exercices de PRÉPARATION

*Afin de conduire en douceur les enfants vers un réel état de relaxation, des exercices préparatoires pourront leur être proposés. Ils permettront d'étirer le corps en douceur et favoriseront la concentration tout en respectant leur envie de jouer, leur besoin de bouger.*

*Il s'agit en fait d'une forme de relaxation active puisqu'on s'efforcera de réaliser les exercices lentement et avec beaucoup d'attention.*

# les mouvements naturels

Plusieurs fois par jour, le corps naturellement se relaxe, s'étire sans que nous prêtions attention à ses manifestations. Proposer aux enfants ces "exercices", les initier à ne pas réprimer ces mouvements instinctifs, permet une découverte, une observation des mécanismes corporels et facilite l'introduction à la notion de relaxation.

● *Les étirements*

Les bras sont levés vers le ciel, en inspirant, puis sont pliés au niveau des coudes, poings serrés. Poumons pleins, on contracte les poings et les bras ainsi que le haut du dos et les épaules. En expirant, on relâche. Cet exercice, répété 3 ou 4 fois, peut être fait le plus souvent possible au cours de la journée (debout ou assis sur une chaise).

● *Les bâillements*

De même que les étirements, les bâillements se manifestent spontanément plusieurs fois par jour. Il est intéressant d'observer les trois phases respiratoires liées au bâillement : quand la bouche s'ouvre largement, il se produit un appel d'air qui vient principalement oxygéner les régions costales et sous-claviculaires. En même temps, les épaules se soulèvent légèrement, alors que les muscles du visage s'étirent (les joues) ou se contractent (les paupières, le front). Une détente franche accompagne l'expiration.
Bâillements et étirements se complétant à merveille, il est souhaitable de les réaliser ensemble.

● *Les soupirs*

Autre manifestation naturelle de relaxation qu'il est intéressant de faire observer aux enfants : les soupirs. À l'inspiration la cage thoracique s'ouvre et plus particulièrement la région sous-claviculaire (mouvement accompagné d'une légère montée des épaules vers les oreilles). Le temps de rétention, poumons pleins (1 ou 2 secondes), est suivi d'une expiration franche, longue et sonore, par le nez ou la bouche entrouverte. Les épaules s'affaissent et se décontractent.

● *L'auto-massage*

Parmi les gestes spontanés de détente, l'auto-massage du visage est l'un des plus efficaces. Que se manifeste une certaine fatigue ou une contrariété, et aussitôt, automatiquement, les mains massent le visage. Cette fois encore, il s'agit donc d'aider le naturel ou tout au moins de l'accompagner consciemment en massant systématiquement chaque partie du visage mais aussi le cou, la nuque et les épaules.

2

# le jeu du stop

Parcourir la salle en marchant dans toutes les directions. À un signal donné, s'arrêter totalement et demeurer aussi immobile qu'une statue pendant 4 à 5 secondes. À un second signal, marcher de nouveau. Recommencer 5 à 6 fois.

*Remarque*

- Cet exercice peut être proposé en début de séance en guise de "prise en main" ou pendant une séance lorsque, par exemple, l'attention diminue.

## Variantes

- Marcher à reculons.
- Trottiner.
- Marcher à cloche-pied et au signal, rester en équilibre.
- Varier les signaux : sonores, verbaux, visuels.

# les mouvements de la tête

Effectuer un maximum de mouvements différents avec la tête :

• Le “oui” : lever le menton très haut vers le ciel puis l’amener vers la gorge.

• Le “non” : regarder loin derrière soi sans bouger les épaules, d’un côté et de l’autre.

• Le “peut-être” : pencher la tête d’un côté et de l’autre comme pour amener l’oreille sur l’épaule.

• Le “cou du dindon” : pointer le menton loin vers l’avant en étirant le cou, puis ramener le menton vers la gorge, en poussant l’occiput vers l’arrière.

• “La mouche” : imaginant qu’une mouche décrive un cercle dans l’espace, la suivre du regard, la tête accompagnant le mouvement des yeux.
Chaque exercice est réalisé une dizaine de fois.

*Remarques*

• Insister sur la lenteur d’exécution des mouvements.
• Leur donner de l’amplitude.

## Variantes

• Déplacement latéral de la tête.
• Allier la respiration aux différents mouvements (pour l’exercice du “oui”, par exemple, lever le menton vers le plafond en inspirant, le baisser en expirant).

# le jeu des moulins

Ces exercices permettent une prise de conscience des différentes articulations des membres supérieurs.

- "le petit moulin" : la main saisit le poignet opposé. Effectuer des cercles avec la main du poignet saisi (on peut y ajouter les mouvements des doigts).
- "le moyen moulin" : la main est sous le coude du bras opposé. Effectuer des rotations avec l'avant-bras, la main restant "molle".
- "le grand moulin" : les bras, ressemblant à des ailes de moulin, décrivent des grands cercles.

Chaque exercice est réalisé une dizaine de fois dans chaque sens, d'un côté et de l'autre.

*Remarques*

- Insister sur la lenteur d'exécution des mouvements.
- Leur donner de l'amplitude.

## Variantes

On pourra s'orienter vers des exercices de dissociation. Exemples.

- Pendant qu'un bras effectue un mouvement de rotation dans l'espace, la main de l'autre bras fait l'exercice "du petit moulin".
- Pendant qu'un bras effectue un mouvement de rotation dans un sens, l'autre bras tourne en sens contraire.
- Allier la respiration aux différents exercices.

# avec les épaules

Effectuer un maximum de mouvements différents avec les épaules :

- mouvement de rotation des épaules vers l'arrière ;
- mouvement de rotation des épaules vers l'avant ;
- le "bof" : monter les épaules jusqu'aux oreilles puis les relâcher brusquement.

Chaque exercice est réalisé une dizaine de fois.

*Remarques*

- Insister sur la lenteur d'exécution des mouvements.
- Leur donner de l'amplitude.

## Variante

- Exercice de dissociation : rotation d'une épaule dans un sens et, en même temps, rotation de l'autre épaule en sens contraire.

# le cerceau

Imaginer que l'on a un cerceau autour de la taille. Tourner le cerceau dix fois dans un sens et dix fois en sens contraire.

*Remarques*

- Insister sur la lenteur d'exécution du mouvement.
- Effectuer des mouvements de grande amplitude.
- S'aider éventuellement en posant les mains sur les hanches.

## Variantes

- Utiliser un véritable cerceau.
- Imaginer que l'on utilise un tout petit cerceau qui s'agrandira (ou au contraire se réduira) au fur et à mesure des tours.

# le jeu des chiffres

Imaginer un fil accroché à la ceinture avec, au bout de ce fil, un crayon ou un stylo. En bougeant uniquement les hanches et le bassin, écrire les chiffres 0, 1, 2, 3, ...9.

*Remarques*

- Exécuter le mouvement avec lenteur pour écrire ou dessiner correctement.
- Garder les jambes bien tendues.

## Variantes

- Écrire son prénom sur place ou en se déplaçant.
- Écrire à l'envers.
- Commencer à écrire tout petit puis agrandir les chiffres ou les lettres.
- Dessiner des formes géométriques.

# la préparation au ski

Debout, jambes tendues et pieds joints. En fléchissant les genoux, effectuer des cercles avec les jambes, les mains étant posées sur les genoux. Répéter l'exercice une dizaine de fois dans un sens et dans l'autre.

*Remarque*

- Être vigilant sur la position du dos.

## Variante

- Donner de plus en plus d'amplitude au mouvement.

# la chaise molle

Debout, pieds écartés de la largeur des hanches. Faire semblant de s'asseoir sur une chaise – celle-ci étant molle, on se retrouve en position accroupie – puis remonter. Recommencer une dizaine de fois.

*Remarque*

- Garder les pieds bien parallèles.

## Variantes

- Rester de 7 à 10 secondes en position assise (renforcement musculaire des cuisses).
- En s'accroupissant, tendre les bras vers le ciel (travail des épaules et des dorsaux).

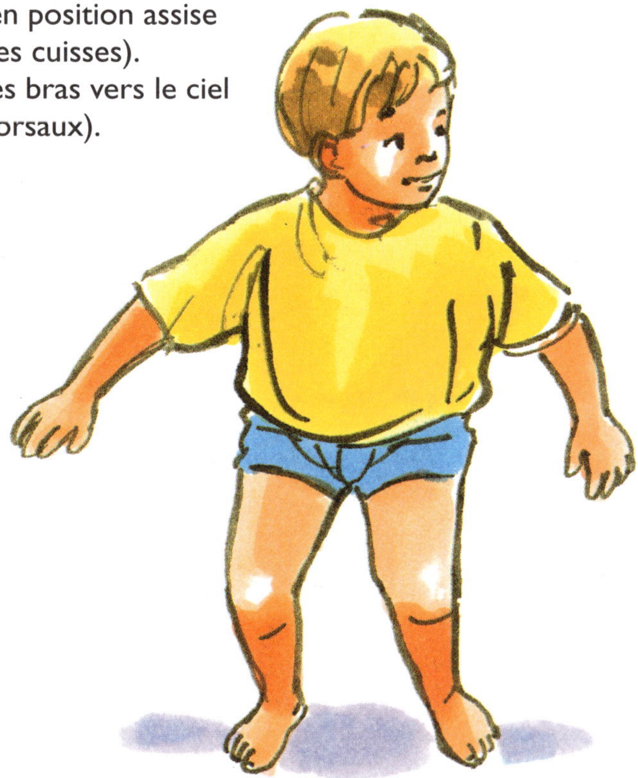

# le chat

Se mettre à quatre pattes, mains et genoux écartés de la largeur des hanches. En inspirant, lever le menton vers le ciel, dos plat. En expirant, faire le dos rond, en rentrant le ventre.
Répéter au moins 6 fois l'exercice.

*Remarques*

- Veiller à une exécution lente des mouvements.
- Insister sur la coordination mouvement-respiration.

## Variantes

- Le chat qui s'étire : amener les fesses sur les talons et le front sur le sol. Placer les paumes vers le sol, bras de chaque côté des oreilles. S'étirer en poussant les doigts le plus loin possible vers l'avant.
- Le chat qui étire une patte : en position à quatre pattes, étirer une jambe vers l'arrière puis la plier en amenant le genou vers le front. 4 ou 5 fois chaque jambe.

# le chien

Se mettre à quatre pattes, mains et genoux écartés de la largeur des hanches. Tendre les jambes de façon à former un ∧ avec le corps.

*Remarque*

- Si l'étirement est trop important, ne pas hésiter à plier légèrement les jambes.

## Variante

- Plier une jambe et pousser davantage le talon de l'autre jambe vers le sol (pour bien étirer les mollets).

# la grenouille

Debout, pieds largement écartés. Plier les jambes de façon à venir poser les mains sur le sol, entre les pieds. En gardant les mains au sol, tendre les jambes. Recommencer au moins 10 fois.

*Remarques*

- S'installer confortablement, quitte à ne pas s'accroupir entièrement.
- Éviter les mouvements de ressort.

## Variantes

- La grenouille qui fait l'équilibre : placer les paumes jointes au-dessus de la tête, bras pliés (au moins 10 secondes).
- La grenouille qui recule : dans la position initiale, aller d'un point à un autre en reculant.

# le crabe

Debout, pieds largement écartés. Plier les jambes et poser les mains sur le sol, entre les pieds. En gardant les mains au sol, tendre une jambe sur le côté, puis le pied de cette jambe ne bougeant plus, la plier afin de tendre l'autre. Effectuer ensuite un mouvement de va-et-vient latéral.

*Remarques*

- Garder les fesses le plus près possible du sol.
- Étirer les jambes au maximum (action recherchée sur les abducteurs).
- Pour plus de justesse dans le mouvement, les doigts peuvent figurer les pinces du crabe.

## Variante

- Se déplacer d'un point à un autre.

# le canard

Debout, pieds écartés de la largeur des hanches. Plier les jambes de façon à s'installer en position accroupie. Avancer d'un point à un autre (traverser la pièce par exemple).

*Remarques*

- Garder les fesses le plus près possible du sol.
- Se mouvoir lentement.
- Poser éventuellement le dos des mains sur les hanches afin de figurer les ailes du canard.

## Variantes

- Le canard qui fait l'équilibre : placer les paumes jointes au dessus de la tête, bras pliés (au moins 10 secondes).
- Le canard qui recule : dans la position initiale, aller d'un point à un autre en reculant.

# le serpent

Allongé sur le ventre, prendre appui sur les avant-bras. Redresser la colonne vertébrale vers le ciel comme un cobra sortant de son panier. Maintenir cette position le temps d'une dizaine de respirations.

*Remarques*

- Ne pas décoller le nombril du sol (on ne doit pas chercher à aller haut mais à étirer la colonne).
- Détendre les épaules qui auront tendance à "monter" vers les oreilles.

## Variantes

- Aller d'un point à un autre.
- Le serpent qui se gratte la tête : essayer de toucher la tête avec les orteils (prendre appui sur les paumes, bras tendus, jambes pliées).

# le papillon

En position assise, les jambes écartées étant pliées de façon que les plantes des pieds se touchent. Poser les mains sur les genoux ou les avant-bras sur les cuisses afin de pouvoir pousser doucement les genoux vers le sol.

*Remarques*

- Garder le dos droit et bien étiré.
- Éviter les mouvements de ressort.
- Amener les talons le plus près possible du périnée.

## Variantes

- Le papillon qui s'étire : croiser les doigts, placer les bras tendus de chaque côté des oreilles et pousser les paumes vers le ciel. Rester dans cette position le temps de 5 ou 6 respirations.
- Le papillon qui fait la sieste : à partir de la position précédente, amener les mains vers le ciel et le front vers les orteils. Une dizaine de respirations.

# l'araignée

En position assise, jambes pliées et écartées l'une de l'autre, les mains devant soi, sur le sol. Avancer lentement les mains comme le feraient les pattes d'une araignée de façon à amener le ventre vers le sol.

*Remarques*

Cet exercice vise essentiellement à faire travailler la bascule du bassin, l'étirement du dos et l'étirement des abducteurs.

- Ne pas chercher à amener le front vers le sol.
- Placer les pieds en ouverture, orteils vers l'extérieur des jambes.
- Rester en position statique ou, au contraire, travailler en dynamique selon les possibilités de chacun.

## Variantes

- Tendre les jambes (grand écart facial).
- La demi-araignée : poser le ventre sur une seule jambe et s'étirer doucement (une dizaine de respirations sur chaque jambe).

# l'ours

Debout, pieds écartés de la largeur des hanches. Plier légèrement les jambes, se pencher en avant de façon à amener les paumes sur le sol, devant chaque pied. Aller d'un point à un autre en avançant lentement.

*Remarques*

- Plier davantage les jambes en cas de tensions trop importantes.
- Marcher lentement en décomposant l'appui de la plante des pieds, du talon jusqu'aux orteils, ainsi que celui des paumes.
- Bien relâcher le cou.

## Variante

- La marche de l'ours à reculons.

# la mouette

Debout, pencher le tronc en avant, bras perpendiculaires à celui-ci. En laissant les bras et les poignets souples, imiter l'envol de la mouette.

*Remarques*

- Insister sur la lenteur des mouvements des ailes.
- Faire prendre conscience de la base du mouvement (épaules).
- Faire prendre conscience de la nécessité d'être souple pour pouvoir imiter un animal.

## Variantes

- Allier le mouvement à un rythme respiratoire : par exemple, lever les bras en inspirant, les baisser en expirant.
- Ajouter la marche de la mouette (petits pas vifs et rapides, pieds à peine posés sur le sol).

# la demi-lune

Debout, lever un bras vers le ciel. Pencher le tronc latéralement. Le corps ressemble ainsi à une demi-lune. Effectuer 6 à 10 respirations de chaque côté.

*Remarques*

- Faire prendre conscience de la respiration latérale (du côté du bras étiré).
- S'étirer vers le ciel bien plus que sur le côté.

## Variante

- Poser un genou au sol et écarter l'autre jambe tendue sur le côté.

# la table pliante

En position assise, jambes pliées devant soi, les pieds à plat, écartés de la largeur des hanches. Placer les mains sur le sol, derrière le dos.
"Déplier la table" : c'est-à-dire pousser le ventre vers le plafond, bras et cuisses se plaçant perpendiculairement au sol. Répéter le mouvement 5 à 6 fois et maintenir la position durant 6 à 10 respirations.

*Remarque*

- Bien préparer les poignets, très sollicités durant l'exercice, puis les détendre.

**Variante**

- La table vivante : en position dépliée, se déplacer dans l'espace sans poser les fesses par terre.

# je me mets en colère

Debout ou allongé sur le dos. En inspirant, contracter tout le corps : serrer les poings, monter les épaules vers les oreilles, bras tendus. Serrer le ventre et les fesses. Contracter les jambes, les pieds, le visage, le front, les sourcils, les mâchoires. Poumons pleins, contracter encore davantage. En expirant, décontracter. Recommencer 2 ou 3 fois.

*Remarques*

- Exercice conseillé aux enfants qui accèdent difficilement à l'état de relaxation.
- Insister sur la lenteur de la contraction (l'expiration, elle, pouvant être "explosive" ou au contraire lente et contrôlée).

## Variantes

- Contracter et décontracter chaque partie, l'une après l'autre : poing et bras droits, poing et bras gauches, fessier et abdominaux... en respectant toujours les trois temps respiratoires : inspiration, poumons pleins, expiration.
- Effectuer l'exercice en position assise, sur une chaise.

23

# la balançoire

En position assise, les jambes devant soi, légèrement pliées. Rouler sur le dos en balançant les jambes par dessus la tête. Effectuer 6 ou 7 roulades.

*Remarques*

- Rester en arrière tant que la position est confortable. Les jambes ne sont pas obligatoirement tendues, et les pieds ne touchent pas forcément le sol.
- Penché en avant, tendre légèrement les jambes (en s'aidant des mains, sur les chevilles ou derrière les orteils) en maintenant le ventre sur les cuisses (étirement de toute la face postérieure du corps).

### Variantes

- La balançoire en panne à l'arrière : rester quelques instants les pieds vers l'arrière.
- La balançoire en panne à l'avant : rester le ventre sur les cuisses.

24

# j'écrase un mégot

Debout, décoller un talon. Faire semblant d'écraser un mégot. Répéter le mouvement avec l'autre talon.

*Remarque*

- Bien appuyer sur les orteils.

### Variante

- Écraser deux mégots en même temps, un sous chaque pied, sans poser les talons au sol durant tout l'exercice (travail d'équilibre).

# les différentes façons de marcher

Debout, se déplacer dans l'espace de jeu, en expérimentant toutes sortes de façons de marcher :

- sur les orteils
- sur les talons
- sur le bord externe des pieds
- sur le bord interne
- en canard (ou à "la Charlot")
- à cloche-pied, sur des oeufs, sur des piquants, sur de la neige...
- en ayant froid, chaud, peur
- calmement, fièrement, joyeusement, tristement...

*Remarque*

- Dans ce dernier jeu, la prise de conscience de chaque partie du corps (muscles, articulations) peut être de plus en plus fine.

## Variante

- Le jeu du paralysé : en marchant dans l'espace de jeu, chaque partie du corps, l'une après l'autre, va être paralysée, c'est à dire dans l'incapacité de bouger (le pied droit, la cheville droite, la jambe droite, la hanche droite, le bras droit, la main droite, le cou...) jusqu'à la paralysie totale. Puis, petit à petit, chaque partie du corps retrouve sa mobilité.

# exercices de RESPIRATION

*Ils courent, ils dansent, ils nagent, ils jouent, ils chantent, ils crient... ils se dépensent sans compter, ils ont une vitalité extraordinaire et débordent d'énergie. À la base de cet état : la respiration, bien sûr. Alors, dès leur plus jeune âge, celle-ci peut être développée afin que leurs capacités soient accrues et que leurs potentialités puissent se manifester.*

26

# le gros ballon

Debout, assis ou allongé, placer les mains sur le nombril. En inspirant, gonfler le ventre comme pour le transformer en un gros ballon. En expirant, le laisser se dégonfler. Répéter l'exercice 10 fois.

*Remarques*

- L'inspiration se fera toujours par le nez.
- L'expiration pourra se faire par le nez ou par la bouche.

### Variantes

- Gonfler le ballon le plus lentement possible.
- Le laisser se dégonfler également le plus lentement possible ou, au contraire, brusquement.
- Garder le ballon gonflé quelques secondes, puis dégonflé également quelques secondes (notion "d'apnée").

27

# le parapluie

Debout, assis ou allongé, placer les mains sur les côtés. En inspirant, imaginer que la cage thoracique est devenue un parapluie qui s'ouvre. En expirant, le parapluie se referme. Répéter l'exercice 10 fois.

*Remarques et variantes*

- Voir exercice précédent.

28

# le vent

Assis, jouer avec son expiration pour imiter des vents différents :
- La petite brise : l'expiration est douce et longue.
- Le mistral : l'expiration est forte et moyennement longue.
- Le blizzard : l'expiration est forte et longue (sirocco, mousson...).

*Remarque*
- Inspirer toujours par le nez.

## Variantes
- Selon la position de la langue ou des lèvres (plus ou moins ouvertes), l'intensité du souffle reste la même mais le son est différent.
- À plusieurs : un des joueurs expire et les partenaires doivent deviner ce que ce souffle représente.

29

# le gâteau d'anniversaire

Assis ou debout, imaginer un gâteau d'anniversaire devant soi. Souffler longtemps les bougies.

*Remarque*
- Voir exercice précédent.

## Variante
- Profiter des anniversaires pour souffler de véritables bougies.

30

# la boule de cotillon

Deux ou plusieurs joueurs autour d'une table ou d'un espace de jeu restreint avec, au centre, une petite boule de cotillon. Faire circuler la petite boule sur toute la surface de jeu, uniquement en soufflant.

*Remarque*

- Insister pour que les phases d'inspiration ne soient ni trop courtes ni trop rapides.

### Variantes

- Le match de football : deux petits buts sont construits sur l'espace de jeu et deux ou plusieurs joueurs essaient de faire entrer la boule de cotillon dans le but du camp adverse, uniquement en soufflant.
- Le souffle compté : sur une distance donnée, faire avancer la boule de cotillon en un minimum d'expirations.

31

# la bougie

Placer une bougie allumée à une certaine distance d'un ou de plusieurs enfants. Essayer d'éteindre la flamme en se plaçant de plus en plus loin.

*Remarque*

Voir exercice précédent.

### Variante

- Contrôler le souffle afin de diminuer l'intensité de la flamme mais sans l'éteindre.

# le ballon de baudruche

À deux ou à plusieurs, gonfler un ballon de baudruche. Se passer ensuite le ballon uniquement grâce au souffle.

*Remarque*

- Faire découvrir aux enfants les différentes façons d'expirer : longuement, brusquement, lentement...

## Variantes

- À plusieurs : chaque membre du groupe doit passer le ballon à un autre membre qui le repasse à un troisième... jusqu'au dernier. Un joueur qui a déjà soufflé sur le ballon ne peut souffler une deuxième fois tant que chacun des membres ne l'a pas reçu.
- À deux ou à plusieurs : l'espace de jeu étant partagé en deux, il faut envoyer le ballon dans le camp adverse. Quand le ballon touche terre, l'équipe du camp où il se trouve perd un point.
- Deux équipes avec un ballon chacune : parcourir une distance donnée le plus vite possible, le ballon ne devant pas toucher le sol.

33

# le jeu de la paume

Placer la paume devant la bouche, à quelques centimètres. La bouche en "O", légèrement entrouverte, souffler dans la paume. Placer la paume de plus en plus loin et noter jusqu'à quelle distance le contact de l'air peut être senti.

*Remarque*

• Voir exercice n° 30, "la boule de cotillon".

## Variante

• Changer les différents points de contact : dessus de la main, doigt, avant-bras, coude, genou...

34

# le chant des voyelles

Chanter chaque voyelle – A . E . I . O . U – sur une longue expiration.

*Remarques*

• Faire prendre conscience de la nécessité de bien inspirer pour pouvoir expirer longuement.
• Faire observer le lien entre le mouvement des lèvres et la tonalité.

## Variantes

• Chanter sur une seule expiration toutes les voyelles, les unes après les autres.
• Jouer avec le ton de la voix.
• Créer un chœur, une chorale.

# Bibendum

Les enfants se mettent deux par deux. L'un des deux est un bonhomme qui va être gonflé. L'autre est le gonfleur qui a dans les mains une grosse pompe imaginaire. Le gonfleur inspire, par le nez, et son expiration gonfle son partenaire. Celui-ci commence l'exercice étendu au sol, mou, et se redresse au fur et à mesure du gonflement. Une fois gonflé au maximum, il se dégonflera peu à peu tout doucement.

*Remarques*

- Le "gonflé" et le "gonfleur" doivent essayer de jouer avec la plus grande synchronisation possible.
- Une fois dégonflé, l'enfant peut être déjà initié à la notion de relaxation.

## Variantes

- Une fois gonflé au maximum, l'enfant est piqué par une aiguille imaginaire et se dégonfle rapidement, brusquement et totalement.
- Une fois gonflé au maximum, l'enfant marche quelques instants dans l'espace de jeu en apnée, poumons pleins (comme un scaphandrier).
- À deux : pendant qu'un enfant se dégonfle doucement, un autre se gonfle peu à peu.

# l'escalier

Dessiner sur une feuille de papier, ou sur un tableau, le tracé schématique d'un escalier. En suivant mentalement le tracé horizontal, inspirer, et rester poumons pleins en "escaladant" le tracé perpendiculaire. Après plusieurs de ces inspirations, et ces temps d'apnée, expirer lentement et longuement. Répéter l'exercice 5 ou 6 fois.

*Remarque*

- Cet exercice permet de se rendre compte à quel point concentration, visualisation et respiration sont complémentaires.

## Variantes

Dessiner d'autres figures géométriques telles que :

- le cercle : inspirer en suivant le dessin dans un sens, expirer en le suivant en sens contraire. Même exercice avec le dessin d'une spirale.
- le carré : suivre un côté en inspirant, parcourir des yeux un autre côté en restant poumons pleins, expirer en étant concentré sur le troisième côté, rester poumons vides pour le quatrième. Les temps respectifs des quatre phases respiratoires sont identiques.
- le rectangle : même exercice que précédemment mais cette fois les temps des quatre phases respiratoires ne sont plus les mêmes du fait de l'inégalité des différents côtés.

37

# le petit lapin

Plisser le nez. Bouche fermée, expirer rapidement et brusquement en rentrant le ventre. Toutes les 5 ou 6 expirations nasales, inspirer longuement et doucement, toujours par le nez. Répéter 3 ou 4 fois.

*Remarque*

- On peut ainsi savoir si les cavités nasales sont libres de toutes mucosités.

### Variantes

- Varier le rythme et l'intensité de l'expiration.
- Boucher une narine pour effectuer l'exercice.

38

# je pousse fort

Installé en fente (jambe avant pliée, jambe arrière tendue), imaginer pousser un objet lourd ou un mur. En poussant, expirer à fond.

*Remarque*

- Faire prendre conscience du fait que l'expiration aide à pousser fortement, surtout si la concentration se situe au niveau du nombril.

### Variantes

- Pousser dans chacune des quatre directions : devant, sur les côtés, en haut, en bas.
- Le jeu du sumo : pousser un partenaire pour le faire sortir d'un cercle tracé sur le sol.
- Même jeu, mais les fesses sur les talons.

39

# la petite fleur

Cueillir une fleur imaginaire et l'amener près du nez. Inspirer longuement et doucement son parfum, par le nez, puis, en expirant par la bouche, le répandre tout autour de soi.

*Remarque*

- Ces exercices peuvent être proposés, par exemple, après une promenade à la campagne, dans un jardin, sur le marché...

### Variantes

- Les yeux fermés, pour aider à la concentration, essayer de retrouver le souvenir du parfum de quelques fleurs (rose, lilas, glycine...).
- Effectuer le même exercice, mais en imaginant respirer d'autres senteurs.

40

# la respiration du serpent

Sourire, tout simplement ! Puis entrouvrir légèrement la bouche et, en expirant, produire le son "SSSS...".

*Remarque*

- Faire faire cet exercice avec celui du serpent.

### Variantes

- Expirez à fond et inspirer profondément (voir les exercices du gros ballon et du parapluie)
- Faire observer la différence de température ressentie à l'inspiration par le nez – l'air est frais – et à l'expiration par la bouche – l'air est tiède.

41

# l'abeille

Assis ou debout, bouche fermée. Inspirer lentement en produisant un son grâce au passage de l'air sur la voûte du palais. À l'expiration, produire également un son, semblable au bourdonnement de l'abeille.

*Remarque*

- Faire sentir les vibrations dans la poitrine lors des expirations sonorisées.

### Variante

- Poser les paumes sur les oreilles pour être davantage à l'écoute de ce bourdonnement.

42

# le bûcheron

Debout, jambes écartées, imaginer tenir une hache dans une main (ou le manche d'une cognée à deux mains). Inspirer lentement en montant la hache au-dessus de la tête. Expirer puissamment et rapidement tout en baissant le – ou les – bras comme si l'on fendait une bûche.

*Remarque*

- À pratiquer si possible à l'extérieur, car les enfants n'hésiteront pas à effectuer des expirations sonorisées !

### Variante

- Une bûche pour deux : chaque enfant doit monter les bras, les descendre et respirer en rythme (ensemble ou alternativement).

# exercices de RELAXATION

*Les enfants peuvent s'initier très tôt à la relaxation à condition toutefois d'adapter les exercices et le vocabulaire. C'est grâce à l'activité ludique qu'ils vont pouvoir découvrir les notions simples de décontraction et de détente, et surtout cet état très particulier qu'est l'état de relaxation.*

# LES DIFFÉRENTES POSITIONS

*Il existe de nombreuses positions dans lesquelles les enfants peuvent s'installer pour un moment de calme et d'immobilité. Le plus simple consiste à leur faire expérimenter chacune d'elles afin qu'ils puissent trouver celle qui leur convient le mieux.*

## la posture de relaxation

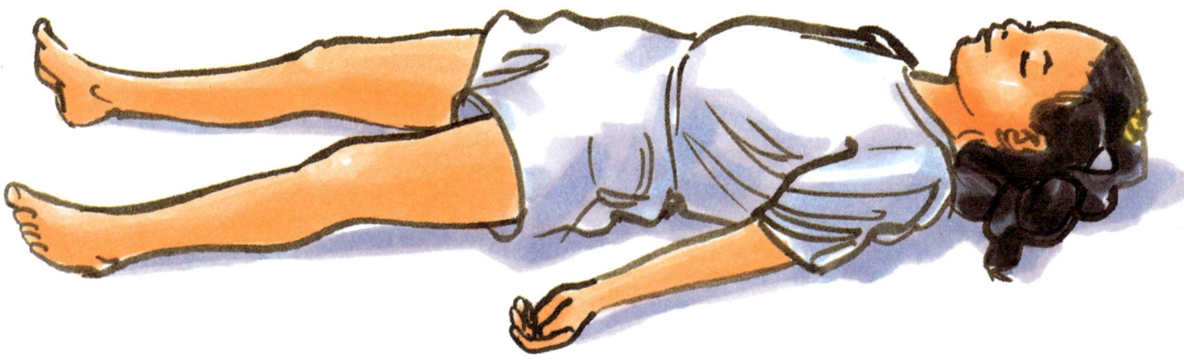

Allongé sur le dos, les bras légèrement écartés du tronc, paumes tournées vers le ciel, les pieds se plaçant naturellement vers l'extérieur. On prendra bien soin de demander aux enfants de se décambrer et, en cas de mal de dos provisoire, de plier les jambes. Le menton est légèrement rentré dans la gorge pour diminuer la courbure cervicale. Dans cette position, l'abandon est total et le tonus est au plus bas.

# la position du dormeur

Cette position est tout à fait naturelle et c'est celle que prend souvent le corps avant l'endormissement, d'où son nom. Un bras est allongé le long du tronc, paume tournée vers le ciel, alors que le bras et la jambe du côté opposé sont pliés. La tête se place naturellement de ce côté et la respiration devient diaphragmatique.

# la posture de la momie

Allongé, bras croisés, les doigts viennent se loger sous les aisselles ; les jambes sont également croisées, le menton est légèrement rentré dans la gorge pour diminuer la courbure cervicale.
Les enfants timides ou manquant de confiance en soi s'installeront volontiers dans cette position. Puis, petit à petit, ils laisseront tomber les bras le long du tronc et décroiseront les jambes pour se retrouver dans la posture de relaxation.

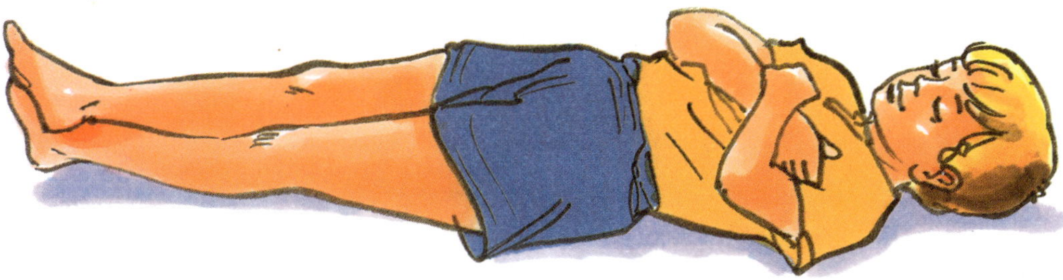

# la petite graine

Assis, les fesses sur les talons, le front sur le sol et les bras détendus le long du tronc. Cette position sert de point de départ à tous les exercices demandant de la concentration et une exécution lente des mouvements (comme l'exercice n° 47, par exemple, "l'arbre magique").

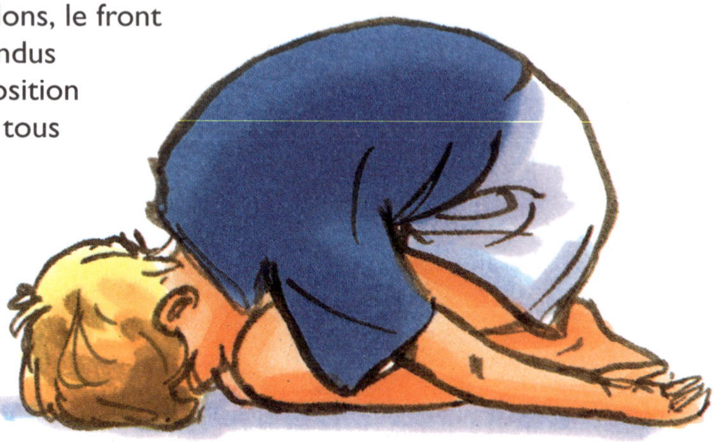

# la position fœtale

L'enfant est comme recroquevillé sur lui-même, à l'image du fœtus dans le ventre de sa mère. On n'hésitera pas à poser une couverture sur lui afin de l'accompagner dans sa recherche de chaleur affective.

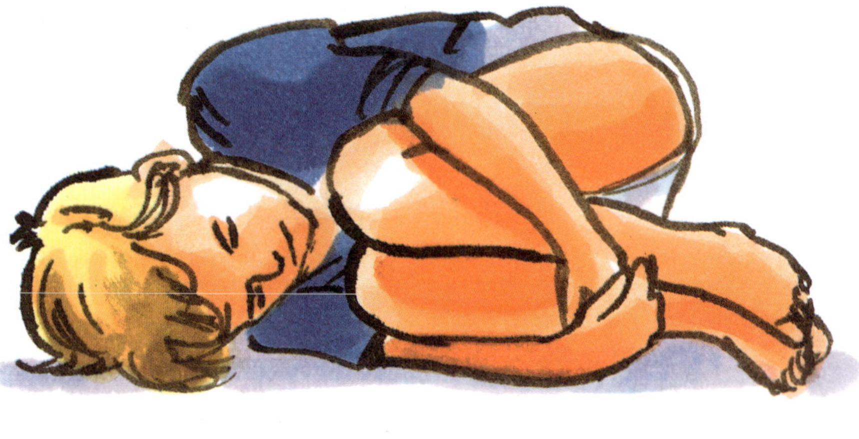

# la croix

Certains enfants (surtout les petits, vers 4 ou 5 ans) préfèrent s'abandonner dans une position en forme de croix.

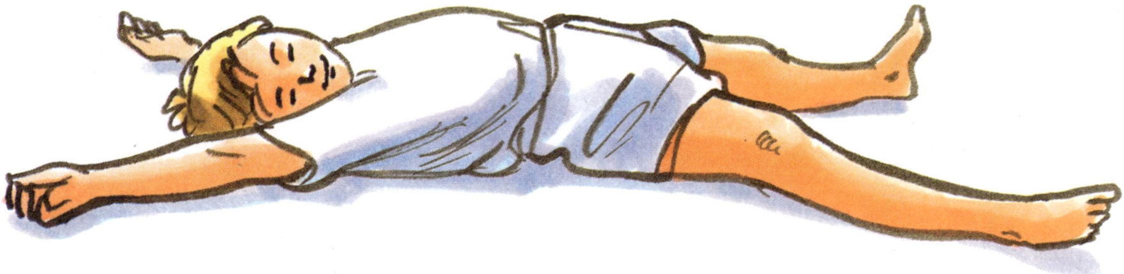

# la relax-éclair

Cette position permet de se relaxer à tout moment sans quitter sa place. Les bras sont pliés, les coudes sur la table, les mains l'une sur l'autre. L'enfant y pose soit le front, soit la joue. C'est d'ailleurs une position prise spontanément aussi bien par les enfants que par les étudiants.
Les enfants plus entraînés aux exercices de relaxation, de concentration et de visualisation pourront s'installer dans la posture du pharaon (voir exercice n° 100).

# le pantin désarticulé

Debout, bras et doigts tendus vers le ciel. Laisser tomber chaque partie du corps nommée, l'une après l'autre.

*Remarque*

- Bien faire sentir la différence entre "laisser tomber" (abandon du corps), et "je fais tomber" (action volontaire sur le corps). Pour "lâcher", il suffit seulement d'abandonner une partie du corps à l'apesanteur.

## Variantes

- Convenir d'un signal (auditif ou visuel). À chaque signal, laisser tomber une partie du corps.
- Ces signaux peuvent être émis à intervalles plus ou moins réguliers pour augmenter la concentration.
- Réaliser l'exercice à l'envers, afin de favoriser la mémorisation.

# le ballon crevé

S'imaginer être un ballon qui se gonflera de plus en plus à chaque inspiration. Une fois gonflé à son maximum, "le ballon roule" dans l'espace de jeu (l'enfant marche dans tous les sens). Mais un clou ou une punaise sur le sol le crève. Le ballon se dégonfle alors brusquement.

*Remarque*

- Faire observer le lien entre relaxation et expiration.

## Variante

- À deux : voir l'exercice n° 35, "le Bibendum".

# la poupée de chiffon

Allongé sur le sol, se transformer en une poupée de chiffon. Tout le corps devient mou.

*Remarque*

• Voir exercice précédent.

## Variante

• Même exercice en position debout ou assise.

# la pendule

Debout, le tronc penché en avant, tête relâchée, bras ballants, jambes légèrement pliées. Balancer les bras latéralement, comme le mouvement de balancier d'une pendule.

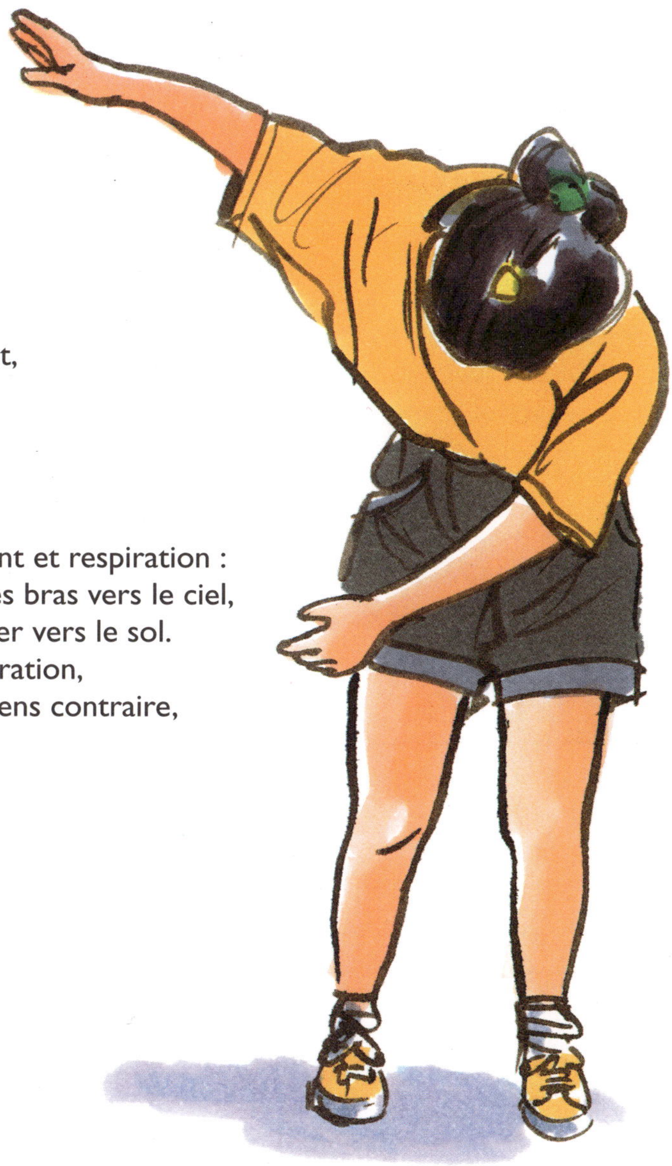

*Remarque*

- Pendant ce mouvement, relâcher le cou.

## Variante

- Harmoniser mouvement et respiration : en inspirant, amener les bras vers le ciel, en expirant, les ramener vers le sol. Sur une nouvelle inspiration, les bras repartent en sens contraire, et ainsi de suite...

# l'arbre magique

En position de la petite graine, se transformer en arbre le plus lentement possible : redresser d'abord le tronc, puis la tête. Se mettre debout. Deux branches (les bras) poussent latéralement.
Une grosse branche (une jambe pliée, plante du pied contre la cuisse de la jambe d'appui) pousse également en bas de l'arbre.

*Remarques*

- Réaliser ces exercices le plus lentement possible.
- Ne pas bloquer la respiration, respirer normalement.

## Variantes

- Une feuille (la main) tombe de l'arbre : mouvements de la main souple et détendue. Le reste du corps ne bouge pas.
- Le vent souffle : tout l'arbre bouge mais n'est pas déraciné (le pied de la jambe d'appui ne bouge pas).
- Comme il s'agit d'un arbre magique, l'hiver venu, il se transforme en petite graine (position de départ).
- L'exercice peut se faire les yeux fermés, et/ou avec accompagnement musical.
- L'arbre peut aussi se transformer en fleur, ou en plante aquatique... afin de varier les positions.

# le plongeon

Debout. Faire semblant de plonger, au ralenti : les pieds fixes, joindre les paumes puis avancer lentement les mains et bras vers l'avant, les descendre ensuite vers le sol, faisant ainsi se courber le dos, se relâcher la tête. Plier légèrement les jambes alors que le tronc continue de se pencher vers le sol.

*Remarques*

- Effectuer le mouvement très lentement.
- Insister sur la notion de "lâcher-prise".

## Variantes

- Le plongeon à l'envers : de la position précédente, revenir à celle de départ.
- Harmoniser respiration et mouvement : joindre les paumes en inspirant, "plonger" en expirant.
- Effectuer l'exercice en fermant les yeux.
- Effectuer l'exercice avec un accompagnement musical.

# je m'en moque

Debout ou assis, soulever les épaules. Monter les épaules jusqu'aux oreilles puis les relâcher brusquement. Mouvement à faire une dizaine de fois.

*Remarques*

- Exercice pouvant être réalisé plus ou moins rapidement.
- En profiter pour décontracter les bras et les mains.

## Variantes

- Avec la respiration : monter les épaules en inspirant, laisser tomber les épaules en expirant.
- Décomposer le mouvement en sollicitant une épaule, puis l'autre.

# je suis timide

Debout, bras ballants, pieds écartés de la largeur des hanches. Bouger légèrement les hanches à droite et à gauche, en laissant se balancer les bras, la tête étant légèrement inclinée (les enfants timides ou intimidés, font naturellement ce mouvement avec, souvent, l'index dans la bouche).

*Remarque*

- Voir exercice précédent.

## Variantes

- Accentuer le mouvement en décollant un talon, puis l'autre, le mouvement de torsion devenant ainsi plus important.
- Relâcher davantage la tête.
- Effectuer l'exercice les yeux fermés.

# l'algue

Debout ou agenouillé.
Bouger le corps dans tous les sens comme le fait une algue.

*Remarque*

- Profiter de cet exercice pour décontracter la tête, les bras, les épaules, les doigts. Ne doit subsister qu'un tonus minimum permettant de conserver la verticalité du tronc et la position debout (ou agenouillée).

## Variantes

- En harmonie avec la respiration : l'inspiration et l'expiration sont devenues le flux et le reflux de la mer.
- Effectuer l'exercice les yeux fermés.
- Effectuer l'exercice avec un accompagnement musical.
- Intégrer l'exercice dans une création collective ayant pour thème la mer (vagues, crabes, poissons...)

# l'essuie-glace

Assis sur le sol, jambes pliées, pieds joints, mains posées sur le sol, derrière soi. Descendre les genoux collés à droite puis à gauche, pour effectuer un mouvement semblable à celui d'un essuie-glace.

*Remarques*

- Mouvement pouvant se faire plus ou moins rapidement.
- Exercice à effectuer le plus souvent possible pour conserver la mobilité des hanches.

## Variantes

- Harmoniser le mouvement et la respiration.
- Ecarter les pieds et les genoux.
- Ne plus prendre appui sur les mains.

# le chewing-gum

Quelle que soit la position, porter l'attention sur le visage. Imaginer mâcher un énorme chewing-gum et s'obliger ainsi à ouvrir la bouche le plus possible.

*Remarque*

- Non seulement cet exercice détend le visage mais il peut servir aussi à entretenir et à développer les possibilités d'expression (expression corporelle, mime, théâtre...).

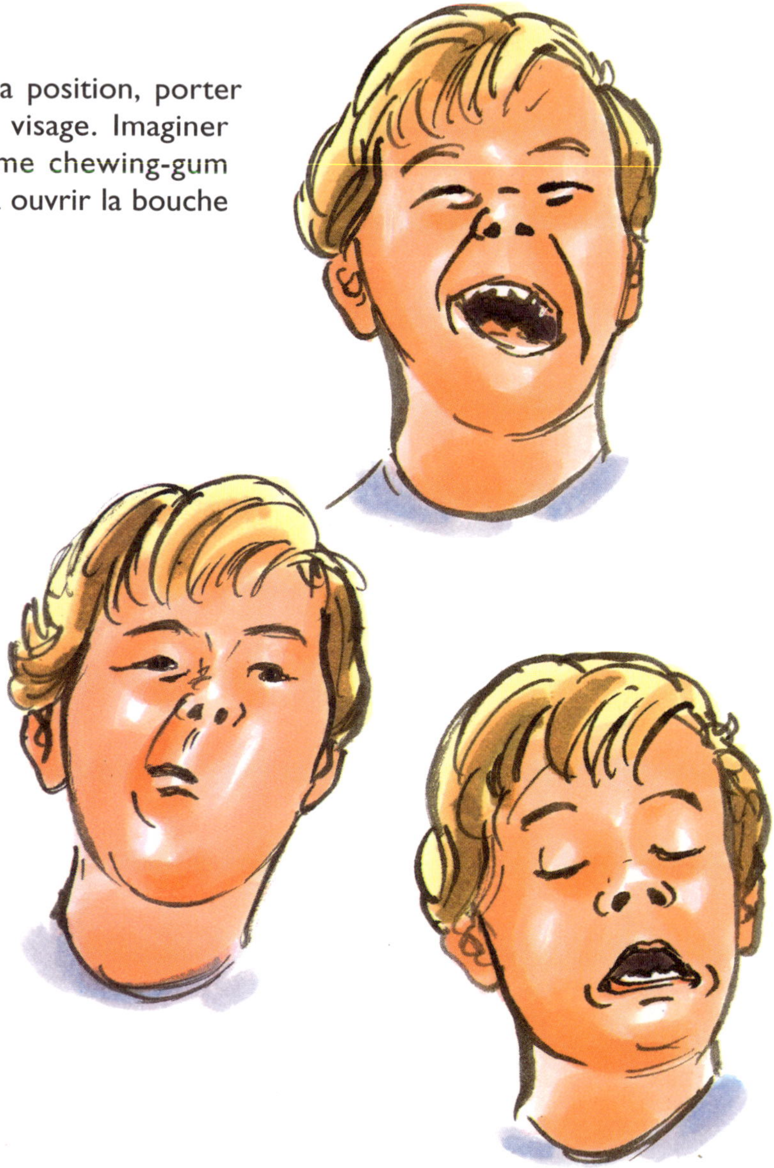

## Variante

- Des morceaux de chewing-gum se collent sur différentes parties du visage (yeux, joues...) et il faut essayer de les enlever sans l'aide des mains.

# le jeu du sculpteur

Se joue à deux. Un enfant, allongé sur le sol, s'imagine être de la pâte à modeler. Un autre enfant va le transformer à volonté. Celui qui est transformé doit se laisser faire. Puis le "modelé" devient le "modeleur".

*Remarques*

- L'enfant transformé peut ainsi sentir la différence entre la notion de détente, d'abandon, et celle de contraction, de tonus nécessaire pour conserver une position (bras levé, doigts tendus...)
- Le "modeleur" apprend à toucher un partenaire délicatement, sans violence.

## Variantes

- La position du modelé change : assis, debout.
- Un enfant peut en modeler deux ou trois autres et créer ainsi un ensemble.
- L'enfant transforme son partenaire (en objet, animal, personnage...) et celui-ci doit alors deviner en quoi il est transformé.

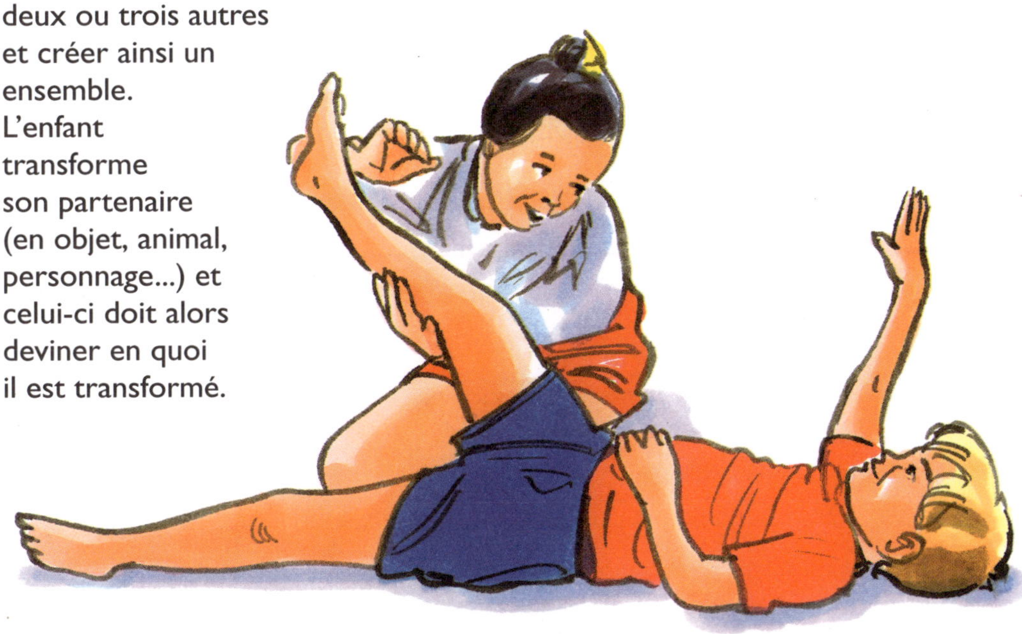

# le petit train

En position de relaxation, allongé sur le dos. Imaginer qu'un petit train voyage à l'intérieur du corps. L'adulte présent peut guider l'exercice ainsi :

*"Le petit train est dans le pied droit.* Pause. *Il monte dans le mollet droit.* Pause. *Il traverse le genou droit.* (Les pauses ne sont plus indiquées). *Le petit train parcourt la cuisse droite, la fesse droite, la fesse gauche, la cuisse gauche, le genou gauche, le mollet gauche, la cheville gauche, le pied gauche. Le petit train remonte vers le bas du dos, puis le milieu du dos, puis le haut du dos ; il redescend ensuite dans la poitrine, voyage dans les côtes, dans le ventre. Il remonte enfin vers le cou, voyage dans le menton, les lèvres, la bouche, traverse les joues, roule à travers les yeux, monte sur les sourcils, le front. Et le petit train termine son voyage dans le nez".*

*Remarque*

- Cette relaxation peut se dérouler plus ou moins rapidement selon l'âge des enfants, leurs intérêts, le nombre de séances préalablement suivies et le temps dont on dispose.

## Variantes

- Les enfants font voyager eux-mêmes le petit train dans leur corps après quelques séances guidées.
- Les enfants inventent eux-mêmes leurs propres moyens d'effectuer ce "voyage intérieur".

# la lampe électrique

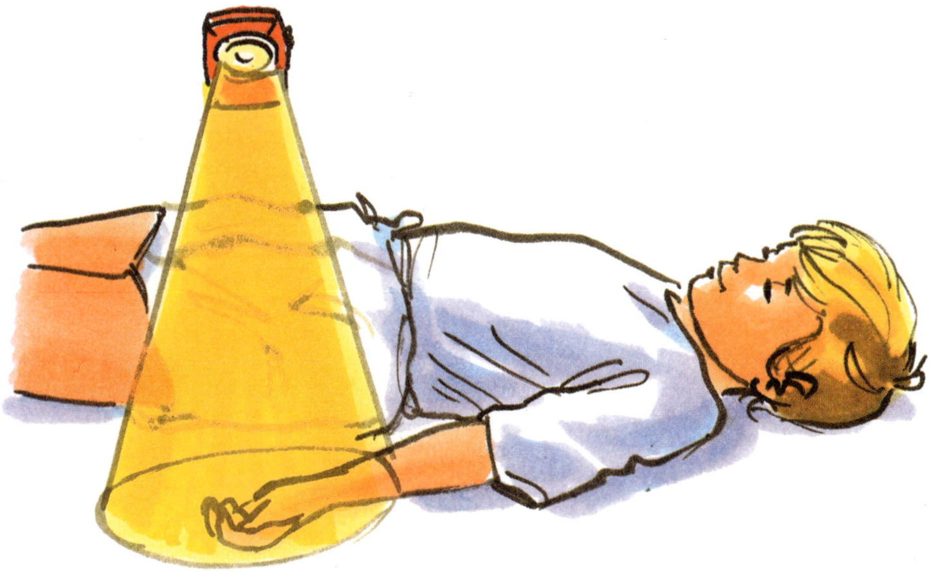

En position de relaxation, allongé sur le dos. Les yeux fermés, imaginer une petite lampe électrique qui éclaire l'une après l'autre toutes les parties du corps : *pied droit*, pause, *mollet droit*, pause... etc... etc...

*Remarque*

- Si les enfants le souhaitent, cet exercice peut être effectué – comme tout autre exercice de relaxation – dans une autre position qu'allongé sur le dos.

## Variante

- La petite lampe peut se transformer en projecteur lorsqu'on souhaite fixer l'attention sur une partie du corps en particulier.

# le papillon butine

En position de relaxation, les yeux fermés.
*Un papillon vole dans la salle. Chut ! Essayons de l'entendre voler ! C'est un papillon magique... Il vient se poser sur votre pouce droit.* Pause. *Puis s'installe sur l'index droit.* Pause. *Le majeur droit* (les pauses ne sont plus indiquées). *L'annulaire droit. L'auriculaire droit...* Et ainsi de suite pour toutes les parties du corps.

*Remarque*

- Voir exercice précédent.

## Variante

- Le papillon butine plus ou moins rapidement selon la vitesse à laquelle se déroule la relaxation.

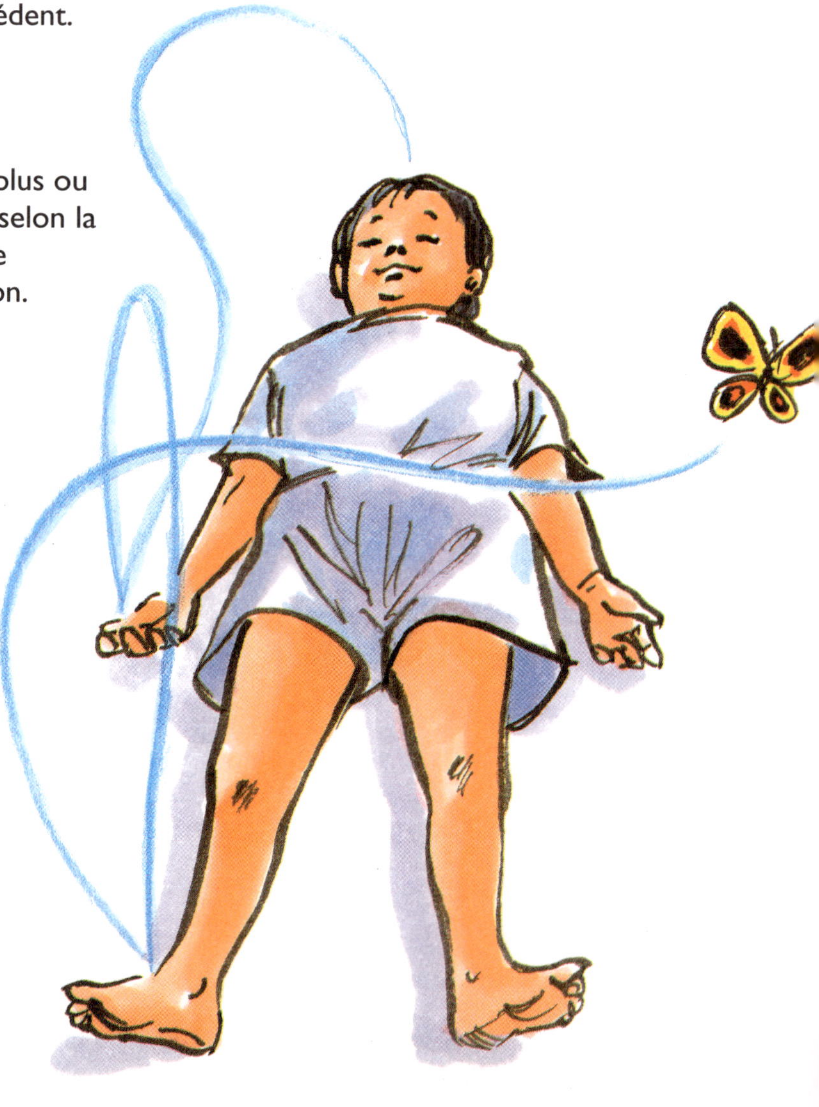

# le clignotant

En position de relaxation, les yeux fermés. Chaque partie du corps est entourée d'une lumière bleutée qui clignotera au moins cinq ou six fois lorsqu'elle sera nommée.
*"Portez votre attention sur la main droite entourée d'une lumière bleue. Cette lumière clignote cinq ou six fois. Votre attention se porte sur le poignet entouré d'une lumière bleue qui clignote, qui clignote, qui clignote...* Pause. *L'attention se porte sur le bras droit entouré d'une lumière bleue qui clignote, qui clignote...* Pause."
Et ainsi de suite pour toutes les parties du corps.

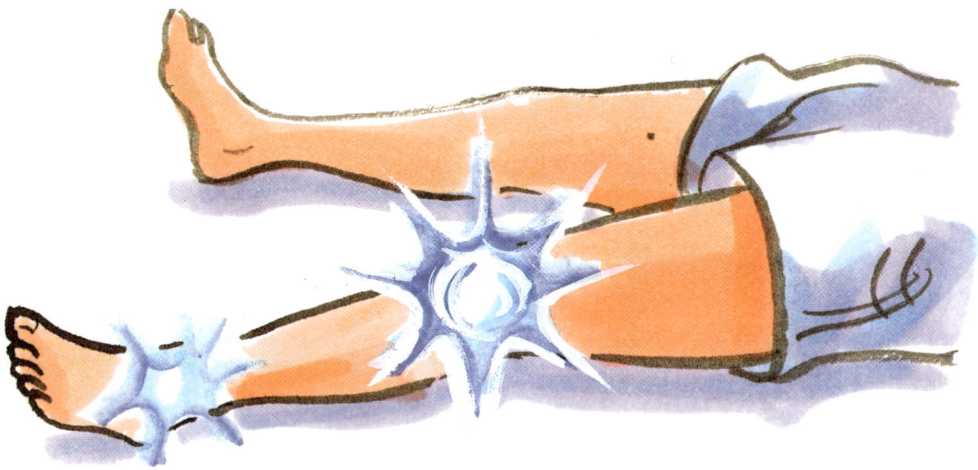

*Remarque*

- Voir exercice 56, "la lampe électrique".

## Variante

- Chaque enfant choisit la couleur de la lumière.

# exercices de CONCENTRATION

*L'état de relaxation entraînant automatiquement une disponibilité accrue, des exercices de concentration peuvent être proposés. Ils doivent respecter une certaine progression tant au niveau de l'intensité que de la durée. La position du corps sera celle qui semblera la plus appropriée au lieu, au moment et au type d'exercice.*

59

# j'entretiens mes yeux

L'acquisition du savoir passe par l'utilisation intensive de la vision (lecture, écriture, dessin, travaux manuels...) et ceci tout au long de la scolarité. Au contrôle de la vision, grâce à l'observation ou par des tests, peuvent s'ajouter des exercices simples mais efficaces effectués quotidiennement si possible (voir "exemples de séances-types").

- Frotter les paumes l'une contre l'autre jusqu'à ressentir une forte chaleur. Les poser sur les paupières et sentir la chaleur pénétrer les yeux. Puis masser délicatement. Laisser les gestes s'accomplir d'eux-mêmes, ce massage se faisant spontanément, naturellement.
- Dessiner avec le regard (5 à 6 fois) : une croix + ; un huit horizontal ∞ ; un cercle dans un sens et un dans l'autre sens ↻ ↺ ; le trajet d'une balle de tennis parcourant un croissant de lune.
- Contraction/décontraction : fermer fortement les yeux en contractant les paupières pendant 7 à 10 secondes puis les écarquiller au maximum. (Effectuer cet exercice 2 à 3 fois).

60

# formes géométriques

Les formes géométriques les plus efficaces pour se concentrer sont les dessins symétriques. S'ordonnant autour d'un point central, ils se développent harmonieusement dans toutes les directions. Leur action sur le psychisme est double : équilibrant (grâce à la symétrie des formes) et unifiant (grâce au point central). On peut les utiliser de trois façons.

- En dessiner soi-même et s'amuser à les colorier en veillant toujours à ce que l'ensemble forme un tout harmonieux.
- S'aider de dessins géométriques déjà réalisés.
- En créer un à l'intérieur de son espace frontal (Voir "exercices de visualisation"), en recherchant la netteté de l'image et un temps de concentration de plus en plus long.

# les associations d'idées

De même qu'un dessin symétrique, le diagramme est formé d'un noyau autour duquel s'ordonnent des associations liées plus ou moins directement au concept central.

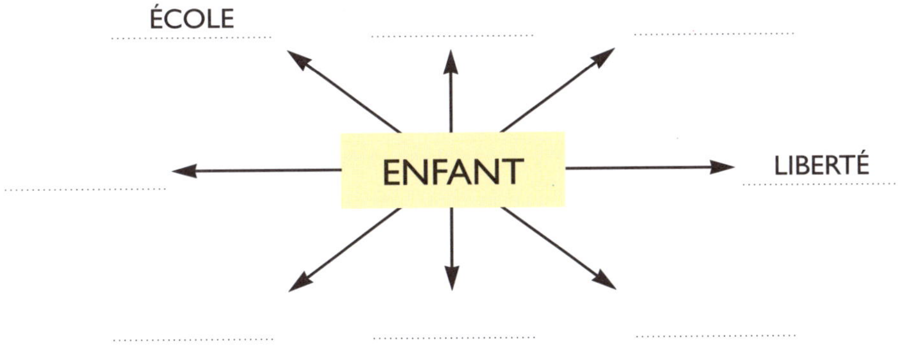


*Remarques*

- Choisir un mot et le placer au milieu d'une feuille. À partir de ce mot, tracer le plus grand nombre possible de flèches, au fur et à mesure de l'entraînement. Dans l'exemple choisi, visualiser un enfant et laisser venir toutes les associations liées à cette image. Noter chaque fois l'idée à l'extrémité d'une flèche sans chercher à analyser quoi que ce soit. Se concentrer sur l'acte d'écrire et sur chaque association qui se crée sans oublier de revenir chaque fois à l'idée centrale.
- Ce diagramme peut servir de cadre à la création d'une histoire ayant pour support le livre ou le jeu théâtral.
- Il met en évidence l'enchaînement des idées et, par l'observation régulière de cet enchaînement, conduit à une plus grande maîtrise intellectuelle.
- De plus, cette maîtrise s'effectue en toute liberté, le flot des pensées étant seulement canalisé – et non stoppé – par un effort de volonté.
- Tout comme les exercices de dessins symétriques, les diagrammes d'association sont extrêmement créatifs, puisant leur source au plus profond de l'inconscient.
- C'est une technique simple et amusante pouvant s'intégrer à une démarche de connaissance de soi, les difficultés inhérentes à ce type de démarche étant atténuées par l'aspect ludique.

## Variante

**Les enchaînements obligatoires**

- Les associations d'idées restent toujours libres mais à l'intérieur d'un cadre précis.

Exemple : le premier mot est ÉCOLE. Le dernier mot sera MER. Entre ces deux concepts, cinq associations cohérentes devront être établies.

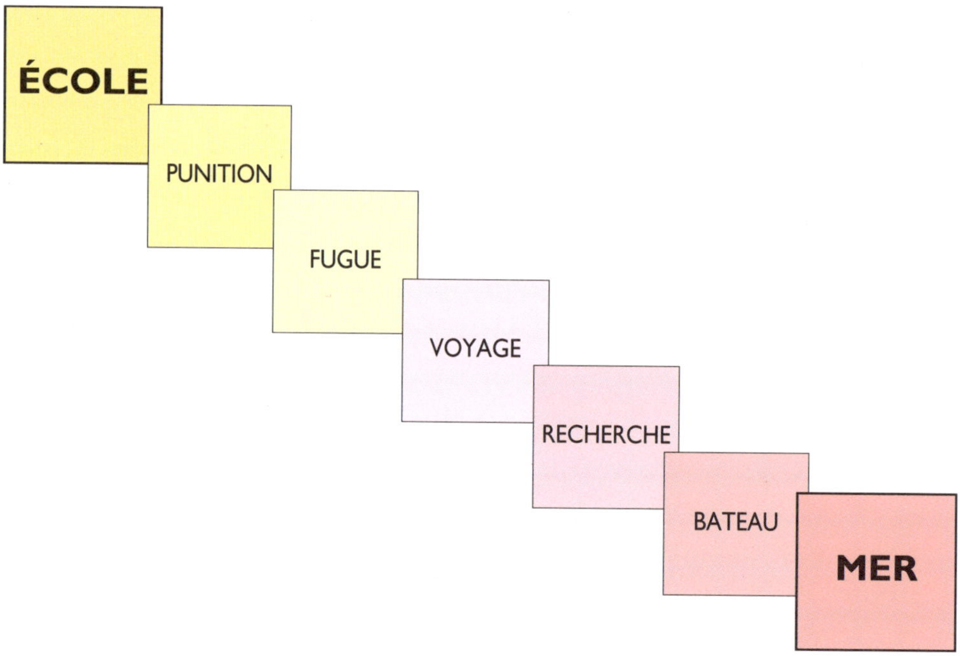


Il faut ensuite raconter l'histoire (oralement ou par écrit) en utilisant tous les mots et en veillant bien à ce qu'elle soit cohérente.
Cette technique peut aussi être utilisée dans le cadre d'ateliers d'expression corporelle et de jeux théâtraux et plus particulièrement lors d'improvisations où l'élève connaît le début du scénario ainsi que la fin de l'histoire. Entre les deux, son imagination et son jeu font le reste...

Exemple :

- Situation de départ : un enfant se retrouve seul dans un aéroport...
- Fin fixée : il se retrouve, affamé et transi, à l'Ambassade de France à Pékin... Entre ces deux moments, que de choses peuvent lui arriver !...

## EXEMPLES DE DIAGRAMME D'ASSOCIATION

### Découverte du concept central

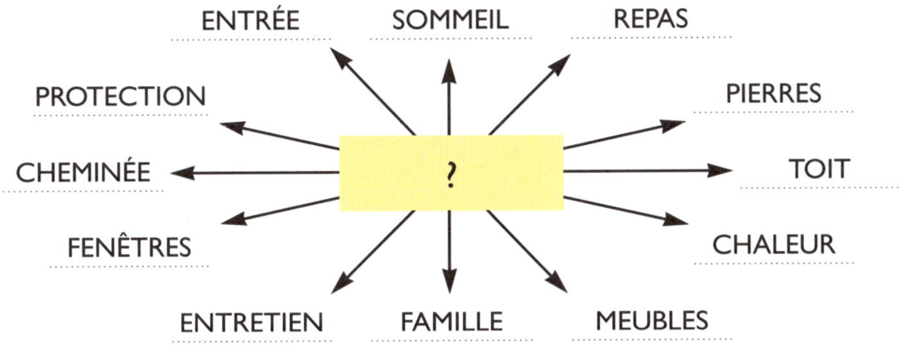


### Associations à partir d'un concept central

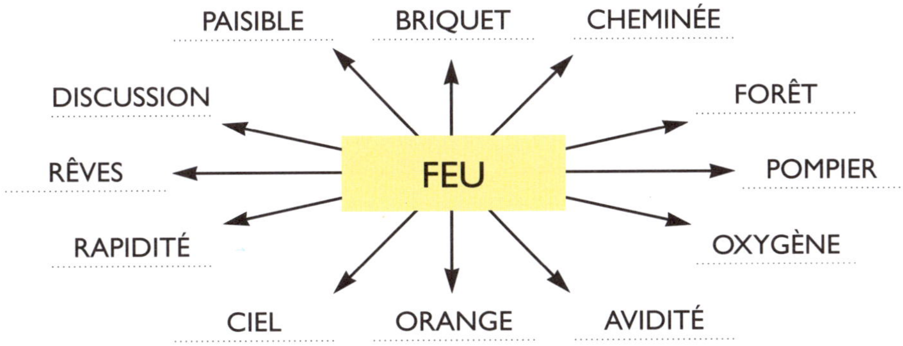

# dans un monde tout coloré !

Une couleur ayant été choisie (en début de matinée, par exemple, ou même dès le réveil), noter sur un carnet tous les objets de cette couleur (on pourra utiliser le principe du diagramme d'association en plaçant le nom de la couleur au centre).

*Remarque*

- Il est essentiel d'écrire le nom des objets observés, ce qui oblige ainsi à fixer son attention, soit à véritablement observer et non pas seulement regarder. On peut aussi demander aux enfants de dessiner ce qu'ils voient.

## Variantes

Selon le lieu et le temps dont on dispose, les variantes et les progressions peuvent être extrêmement nombreuses.

- Dans un lieu clos, l'observation se portera davantage sur les nuances d'une couleur (bleu foncé, bleu clair, bleu nuit...).
- En promenade, au contraire, on cherchera à noter le maximum d'objets se rapportant à la couleur, en veillant à être aussi précis que possible en nommant telle ou telle chose (c'est aussi un excellent exercice d'orthographe et de vocabulaire).
- On peut aussi jouer sur la durée de la concentration : demander, par exemple, d'observer et de noter tout ce qui est rouge au long d'une journée !
- Noter, en utilisant le principe du diagramme, toutes les choses qui ne peuvent être que d'une couleur précise. Par exemple, pour la couleur jaune : paille, citron, maïs...

63

# à l'écoute du monde

En position assise, être attentif à l'environnement sonore. Noter sur une feuille tous les bruits perceptibles, ceci pendant un temps limité.

*Remarques*

- Pour que les enfants soient totalement réceptifs, le silence absolu est indispensable.
- Le temps consacré à cet exercice (de 1 à 10 minutes) varie selon l'âge des enfants et la progression au cours de l'année.
- Les enfants peuvent fermer les yeux pour mieux se concentrer.

**Variantes**

- Dessiner l'objet qui est à la source du bruit (avion, chien...).
- Imaginer une histoire à partir de tous les bruits notés (voir variante de l'exercice 61, "les enchaînements obligatoires").
- Continuer cet exercice par une initiation aux rythmes (voir exercice 66).

64

# la devinette sonore

En position assise, être attentif aux bruits produits volontairement. Noter sur une feuille le nom de l'objet qui est à la source du bruit (feuille froissée, règle qui tombe, trousseau de clés secoué...).

*Remarques et variantes*

- Voir exercice précédent.

# la nouvelle naissance

Dans la position qui convient à l'enfant, en sachant qu'il devra pouvoir prendre des notes. Les yeux fermés, imaginer être au premier jour du monde. Pour la première fois, l'enfant ouvre les yeux... Noter sur une feuille les impressions, tout ce qui est perçu (formes, couleurs...).

*Remarque*

- Cet exercice ne sera envisagé qu'après s'être déjà bien entraîné. Il peut être proposé après une relaxation.

## Variante

- Cet exercice peut être également envisagé dans le cadre d'un atelier d'expression corporelle. Découverte du monde avec les mains : température des objets rencontrés, dimensions, matière (bois, métal, plastique...), texture (lisse, rugueuse...).

# les rythmes

Exercice de concentration par excellence, le travail sur les rythmes peut être aussi suggéré sous forme de jeu.
Se tenir dans une position favorisant la création ou la reproduction de rythmes, soit assis ou debout. Proposer un rythme aux autres enfants que ceux-ci doivent ensuite reproduire plusieurs fois, en respectant bien un temps de silence entre chaque période.

*Remarques*

- Des rythmes de plus en plus compliqués et dont la durée sera de plus en plus longue pourront être proposés selon l'âge et les progrès observés quant aux possibilités de concentration.
- Cette éducation musicale sera ensuite complétée par l'écoute de musiques aux rythmes variés (musiques africaines, musiques folkloriques régionales...).

## Variantes

- Rechercher 4 ou 5 rythmes différents, seul ou en groupe de 3 ou de 4, puis les proposer aux autres groupes, à la fin du temps imparti.
- Le rythme proposé le sera grâce aux sons émis par son propre corps :
  1er temps : frapper des mains
  2e temps : claquer des doigts
  3e temps : taper du pied
  4e temps : émettre un son vocal (A ou O ...).
- Remplacer l'un des quatre temps sonores par un mouvement :
  1er temps : frapper des mains
  2e temps : claquer des doigts
  *3e temps : lever les bras*
  4e temps : émettre un son vocal.

67

# s'il te plaît, dérange-moi !

Pendant un exercice (écriture, calcul), faire tout son possible pour perturber l'enfant : bruits, gestes, chants...

*Remarques*

- Cet exercice d'hyper-concentration ne sera proposé que si les principes de concentration "simples" sont déjà bien assimilés : rester calme, savoir fixer son attention...
- L'aspect qualitatif d'une perturbation importe plus que son aspect quantitatif : de légers bruits bien amenés peuvent être plus efficaces qu'un brouhaha (de même pour les gestes).
- Pour ce jeu, le toucher n'est pas autorisé.

## Variante

- Effectuer cet exercice pendant une séance d'éducation physique, en particulier quand sont proposés des équilibres : perturber le champ visuel par des mouvements, s'approcher le plus près possible de l'exécutant et lui parler à l'oreille...

68

# fais le clown !

Assis ou debout, un enfant, transformé en statue, doit rester impassible malgré les grimaces, les gestes et les rires de ses camarades.

*Remarques*

- Ce jeu sera proposé après plusieurs exercices de respiration.
- On peut y jouer à tout moment : il favorise le calme et l'intériorisation grâce à la fixité du regard et à l'observation de la respiration.

# faites vos comptes !

Les enfants doivent être nombreux (l'idéal est de faire faire l'exercice en classe, dans la cour de récréation ou lors d'un goûter). Chaque enfant porte un numéro. Le meneur de jeu appelle quatre numéros. Le plus rapidement possible, les enfants appelés viennent près de lui.

*Remarque*

- À l'école maternelle, on peut écrire les numéros sur la paume des mains des enfants. Le meneur de jeu, au lieu d'appeler le numéro, montrera un panneau sur lequel il figure.

## Variantes

- Les enfants appelés se rangent par ordre croissant ou décroissant.
- Ce jeu permet des opérations de calcul mental. Sur un tableau, trois nombres sont inscrits et, selon la consigne, il faudra réaliser une addition, une soustraction ou une multiplication. Les trois nombres désignés viennent près du meneur de jeu (ou, si le jeu s'effectue en classe, se lèvent), ainsi que le nombre correspondant au résultat obtenu.
- Ce jeu peut s'adapter en éducation physique (jeu dit "du béret"). La classe (30 élèves) est divisée en deux équipes. Dans la première, chaque enfant est désigné par un numéro de 1 à 15, dans la seconde, par un numéro de 16 à 30. Les équipes sont séparées d'une distance d'au moins 15 mètres.

  Au milieu du terrain de jeu ainsi formé est placé un béret (ou un mouchoir). Lorsque le meneur de jeu dit deux numéros (3 et 19 par exemple), chacun des joueurs désignés doit courir le plus vite possible ramasser le béret (pour les plus grands, le joueur doit en outre rapporter le béret sans se faire toucher par le joueur de l'équipe adverse).

# l'alphabet humain

Chaque enfant est désigné par une lettre de l'alphabet. Si le groupe comprend plus de 26 enfants, on utilisera des signes de ponctuation (! ? ; ...). Le meneur de jeu prononce un mot : ce mot ne doit pas contenir deux fois la même lettre. Le plus rapidement possible, les "lettres humaines" composant le mot viennent près du meneur (ou se lèvent si le jeu se déroule en classe).

*Remarques*

- Le meneur de jeu pourra être différent à chaque fois.
- Les enfants inscrits seront invités à proposer eux-mêmes des variantes.

## Variantes

- Les enfants se placent correctement face au groupe de façon à former le mot.
- Pour faire jouer les plus petits, on peut écrire les lettres sur la paume des mains alors que le meneur de jeu, au lieu de dire le mot, l'écrit sur un panneau ou un tableau.
- Chacune des lettres de l'alphabet et, éventuellement, les signes de ponctuation, sont écrits sur un morceau de carton. Tous ces morceaux sont distribués rapidement aux enfants mais de façon à ce qu'ils ne puissent voir la lettre inscrite dessus. Quand le meneur de jeu prononce le mot, les enfants regardent leurs cartes et le forment ensuite ensemble.

# l'écriture extra-terrestre

On vient de découvrir un message gravé sur un morceau de météorite venu du fin fond de l'espace. Des savants ont réussi à le déchiffrer. Chaque enfant imagine quelle peut être cette écriture et lui fait correspondre les 26 lettres de l'alphabet ainsi que les 10 chiffres.

*Remarques*

- Ce jeu, qui initie à la notion de symbole, peut s'appliquer aux mathématiques ainsi qu'aux langues.
- Il permet de faire découvrir deux notions fondamentales dans l'apprentissage : la notion de convention et la notion de communication.
- On incitera les enfants à créer un alphabet puisque les correspondances peuvent être infinies (leur faire découvrir d'autres formes d'écriture mystérieuse : hiéroglyphes, écriture chinoise, arabe...)

## Variantes

- Des groupes de quatre enfants sont formés. Chaque groupe crée sa propre écriture que les autres ne doivent pas connaître. Dispersés dans la classe, les membres d'un groupe peuvent ainsi envoyer des messages secrets aux autres membres du même groupe. Aux autres de trouver la correspondance avec les lettres de l'alphabet...
- Un alphabet extra-terrestre commun ayant été établi, le meneur de jeu écrit une phrase au tableau dans cette langue inconnue. Les élèves doivent la retranscrire le plus rapidement possible en français.
- Chaque lettre de l'alphabet ainsi que les dix chiffres sont remplacés par des sons (principe du morse).

# le mot le plus long

Chaque enfant est muni d'une feuille de papier et d'un crayon. Le meneur de jeu tire huit morceaux de carton d'un sac (ou d'un récipient quelconque) préalablement découpés. Sur chacun d'eux se trouve inscrite une des 26 lettres de l'alphabet (on pourra trouver plusieurs fois la même lettre). En un temps donné (30 secondes ou 1 minute selon la classe), les enfants notent sur leur feuille le mot le plus long pouvant être constitué à partir des huit lettres tirées.

*Remarques*

- Le nombre de lettres proposées et le temps de ce jeu seront modulés en fonction de l'âge des enfants.
- Pour les deux dernières variantes, l'utilisation du dictionnaire sera autorisée.

## Variantes

- Toujours en un temps donné (2 à 5 minutes par exemple), il s'agit cette fois de noter le maximum de mots pouvant être écrits avec les huit lettres proposées.

- Le meneur de jeu propose un mot de huit lettres (ou moins si nécessaire) qu'il présente dans le désordre. Les enfants ont 2 à 3 minutes pour le découvrir et le noter.

- À faire chez soi, par exemple, pour le lendemain : établir une liste de huit mots (ou plus selon l'âge des enfants) comportant 2, 3, 4... 9 lettres, chaque lettre n'apparaissant, si possible, qu'une fois dans ce mot.
  Exemple : LA, TOI, PLUS, CLOWN, GLACES....

- Trouver un maximum de mots commençant par deux mêmes lettres et auxquels on puisse ajouter une lettre chaque fois.
  Exemple : LA, LAS, LAIS, LAITS, LAITES, LAITUES.

# l'écriture à l'envers

Chaque enfant se munit d'une feuille de papier et d'un crayon. Le meneur de jeu écrit sur le tableau un mot que les enfants doivent reproduire à l'envers sur leur feuille : Exemple : ENFANT ➡ TNAFNE.

*Remarque*

- Le temps de jeu sera modulé en fonction de l'âge et de l'intérêt suscité.

## Variantes

- Une phrase plus ou moins longue sera proposée :
  UN ENFANT JOUE AU BALLON ➡ NOLLAB UA EUOJ TNAFNE NU.
- Une phrase proposée à l'envers doit être reconstituée :

  TIORDNE'L A ESARHP ENU SIRCE'J
- Une phrase est proposée toujours à l'envers avec, en plus, les mots dans le désordre :

  TNOS SEL SNAD STOM ERDROSED EL
- Pour les plus petits qui ne savent pas encore lire, une histoire leur sera proposée, en quatre dessins par exemple. Ils devront les replacer dans l'ordre afin de reconstituer le déroulement logique des événements :
  tableau 1 : l'enfant est soigné par sa maman
  tableau 2 : un chien traverse la rue
  tableau 3 : l'enfant monte sur son vélo
  tableau 4 : l'enfant tombe du vélo à cause du chien.

# la partie de cartes

Se joue par groupes de quatre. Chaque enfant confectionne 10 cartes à jouer et écrit sur ses 10 cartes une liste de mots (un mot par carte). Cette liste peut être composée :
- de noms communs : enfant, chien, chat, maison, voiture...
- de verbes : aller, être, avoir, chanter, boire...
- de noms de lieux : campagne, mer, ville, montagne, école...
- d'adjectifs : blanche, lourd, mouillé, grande, lisse...

Une fois chaque liste établie, la partie peut commencer. Comme pour le jeu de "la bataille", chaque joueur pose une carte. Le dernier joueur ramasse les 4 cartes si l'ensemble des mots est cohérent.

Exemple :
- enfant, mouillé, est, mer : ensemble cohérent
- chien, blanche, ville, chante : pas de suite logique.

La partie s'achève quand il n'y a plus de cartes.

• Si les 4 cartes posées ne forment pas un ensemble cohérent, 4 nouvelles cartes sont posées et la phrase à trouver est donc plus longue :
- 1er tour : chien, carré, ville, chante
- 2e tour : enfant, être, école, grand.

= Un enfant qui chante, est avec son grand chien, en ville, dans une école blanche.

*Remarques*

• Selon l'âge des enfants, le nombre de cartes peut varier à volonté.

• Pour les plus petits (comme pour l'exercice 73, "l'écriture à l'envers"), on utilisera des cartes sur lesquelles auront été préalablement dessinés des objets ou des actions (une maison, un arbre, une voiture, un chien... faire du vélo, se brosser les dents...), le principe du jeu restant le même.

# le dessin compliqué

Chaque enfant a, à sa disposition, des feuilles de papier, un crayon et des feutres. Reproduire le plus exactement possible les dessins représentés sur le tableau.

*Remarque*

- Ce jeu, outre le fait qu'il oblige à une certaine concentration, permet de faire travailler l'utilisation de l'espace et le choix des couleurs...

## Variantes

- Chaque dessin a une couleur particulière.
- Les dessins sont reproduits symétriquement par rapport à un trait proposé.
- Les enfants proposent eux-mêmes un dessin.
- Remplacer le dessin par un collage (après avoir découpé des motifs variés).

# au voleur !

Le meneur de jeu dispose sur le bureau de la classe un ensemble d'objets. Un temps d'observation est laissé aux enfants qui, ensuite, ferment les yeux pour que le meneur de jeu puisse "voler" un des objets. Les enfants notent sur une feuille de papier le nom de l'objet qui a disparu.

*Remarques*

- Au fur et à mesure des possibilités de concentration des enfants, les objets disposés sur le bureau seront de plus en plus nombreux et le nombre d'objets "volés" augmentera également.
- Pour faciliter la mémorisation, on utilisera la visualisation (voir ex. 88).
- Il est toujours préférable de noter les réponses sur une feuille plutôt que de les énoncer à voix haute, afin de conserver un silence propice au calme et à la concentration.

## Variantes

- Les objets sont colorés. Il faut donc noter l'objet et sa couleur.
- Un symbole (x , + , - , 0, △, ❑,...) est dessiné sur chaque objet. Les enfants doivent noter l'objet disparu ainsi que le symbole correspondant.
- Plusieurs objets sont placés dans un certain ordre. Une fois disparus, les noter dans l'ordre dans lequel ils étaient placés.

# le jeu des erreurs

Tout le monde participe. Chaque enfant se munit d'un crayon et d'une feuille de papier. On montre deux dessins presque identiques. En effet, sur l'un des deux, des éléments ont été retirés ou ajoutés. Il faut les découvrir en un temps donné.

*Remarques*

- On s'efforcera toujours de jouer dans le silence.
- Les dessins, plutôt que d'être montrés par le meneur de jeu, peuvent être photocopiés et mis à la disposition de chaque enfant.

## Variantes

- Le nombre d'éléments différents est plus important.
- Les différences à découvrir sont de plus en plus subtiles : couleurs presque identiques, formes légèrement plus grandes ou plus petites.
- On remplace les dessins par des phrases : dans l'une des deux, une ou plusieurs lettres ont été modifiées, retirées ou ajoutées.
- Le principe de ce jeu peut être appliqué en activités physiques et sportives : montrer un enchaînement corporel et, dans la deuxième démonstration, changer un mouvement, en ajouter ou en retirer un ou plusieurs.
- Les enfants réalisent deux dessins ou écrivent eux-mêmes deux phrases, dans lesquels ils effectuent volontairement quelques erreurs.

# l'intrus

Chaque enfant a un crayon et une feuille de papier à sa disposition. Sur un carton sont dessinées des séries d'objets appartenant à une même famille. Un "intrus", cependant, s'est glissé parmi eux...

*Remarques*

- Les enfants peuvent proposer aussi leurs propres séries.
- Selon l'âge, la découverte de l' intrus sera plus ou moins subtile.
- Le temps accordé pour découvrir l'intrus variera également en fonction de l'âge, de l'habitude, de la concentration et de l'intérêt suscité.

## Variantes

- Le principe du jeu est le même, mais les dessins sont remplacés par des mots, parmi lesquels s'est glissé un intrus.
  Exemple :

| | | | | | |
|---|---|---|---|---|---|
| arbre | feuilles | tronc | branches | <u>brique</u> | racines |
| chat | chien | <u>poule</u> | lapin | lion | cheval |

- Applications de ce jeu à différents apprentissages.
  Exemple (pour les plus jeunes) :
  - Reconnaissance de lettres parmi ces signes :
    1 - 4 - 7 - A - 13 - 3 -
    _ - + - : - X - B - △ - ❑ -
  - Inversement, reconnaissance de signes mathématiques :
    P T E - = I L M
- Applications de ce jeu en éveil musical :
  - L'enseignant enregistre des morceaux de musique classique mais y glisse une autre forme musicale (jazz, blues, rock...).
  - Le meneur de jeu répète plusieurs fois un même rythme. Les enfants notent au bout de combien de fois ce rythme change.

# exemples d'intrus

brosse à dents

gant de
toilette

tournevis

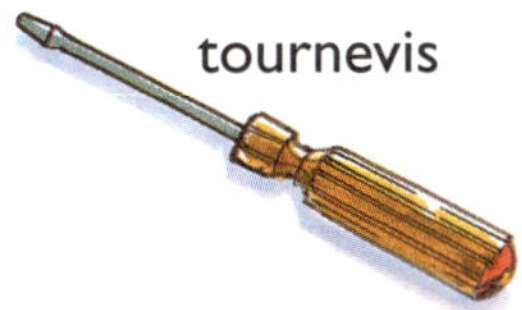

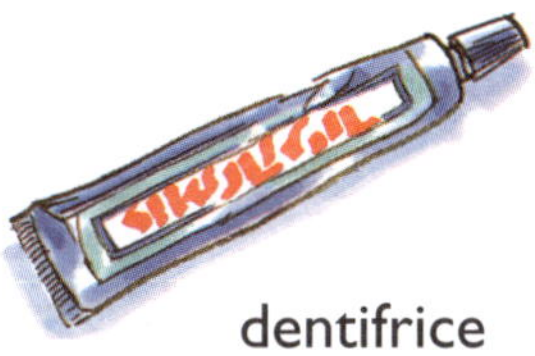

dentifrice

savon

serviette
de bain

trousse d'écolier

taille-crayon

cartable

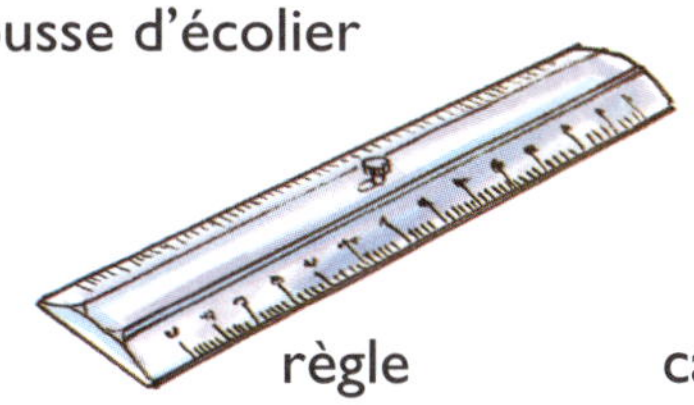

règle

cahier/
livre

gomme

crayons/
stylos

boîte
de haricots

école

# la promenade de l'aveugle

Par équipe de deux. L'un des deux enfants a les yeux bandés. Après s'être mis d'accord sur un code, l'enfant aux yeux bandés, devenu aveugle, se promène grâce aux indications de son partenaire.

*Exemple de code.*

- Taper 1 fois dans les mains : aller tout droit.
- Siffler 1 fois : stop.
- Taper 2 fois dans les mains : reculer.
- Émission du son "A" : aller à gauche.
- Émission du son "O" : aller à droite.

*Remarque*

- En fonction de l'âge des enfants et de leurs possibilités de concentration, les codes seront de plus en plus élaborés.

## Variantes

- Utilisation d'instruments de musique pour émettre les consignes.
- Obligation, pour chaque équipe, de réaliser un parcours établi.
- Multiplication des consignes au fur et à mesure des facilités de concentration ("passer par-dessus" ; "1 , 2 ou 3 pas en avant, à droite..."; "courir"...).
- Jeu du code secret : une équipe met au point son code puis l'utilise. Les autres équipes doivent le découvrir. C'est l'équipe qui trouve le code secret qui propose ensuite le sien.

# le toucher de l'aveugle

Les enfants ont les yeux bandés. Ils doivent reconnaître, uniquement par le toucher, différents objets. On leur présentera par exemple quatre objets qu'on leur retirera après qu'ils les ont touchés. Une fois le bandeau enlevé, ils devront noter sur une feuille de papier le nom de ces objets.

*Remarque*

- On pourra augmenter le nombre d'objets à reconnaître.

## Variantes

- Utiliser quatre objets presque identiques. Il s'agit alors de noter les différences (par exemple, quatre verres).
- Proposer de reconnaître des matières différentes (objets ou simples morceaux) : fer, plastique, bois, coton, tissu...
- Observer les différences de sensations en touchant simplement les objets environnants (température, formes, contacts plus ou moins lisses, rugueux...).
- Tous les enfants, à l'intérieur d'un espace limité, se promènent. La moitié d'entre eux ont les yeux bandés. Au signal "stop" du meneur de jeu, les enfants se mettent deux par deux (un non-voyant avec un enfant sans bandeau). L'aveugle, uniquement par le toucher, doit reconnaître le camarade avec lequel il se trouve.

81

# le jeu du miroir

Deux par deux, l'un en face de l'autre. Le "meneur" effectue un certain nombre de gestes que le "mené" doit reproduire quasi simultanément.

*Remarques*

- Ce jeu pourra être largement exploité en séance d'expression corporelle ou de mime.
- Effectuer les mouvements doucement, afin d'augmenter la concentration.

## Variantes

- Il n'y a plus de "meneur" et de "mené", chacun des deux enfants devant être ainsi "à l'écoute" de son partenaire.
- Les mouvements peuvent être de plus en plus complexes ou difficiles (équilibre sur un pied, par exemple).

82

# les premières lettres

Tous les enfants se munissent d'une feuille de papier et d'un crayon. Le meneur de jeu dit une phrase. Chaque enfant l'écoute puis doit noter sur une feuille la première lettre de chaque mot.

## Variante

- Le meneur de jeu lit un texte. Chaque enfant doit noter la première lettre du premier mot de chaque phrase.

83

# je crée des formes

Chaque enfant se munit d'une feuille de papier et d'un crayon. Réaliser un maximum de figures géométriques en n'utilisant que deux éléments. Exemple : n'utiliser qu'un trait et qu'un demi-cercle.

*Possibilités :*

*Remarques*

- Ce jeu est une excellente préparation à l'écriture.
- Il laisse une grande part à l'imagination, à la créativité.

## Variantes

- On peut utiliser plusieurs fois chaque élément :

- Créer une figure géométrique plus complexe en n'utilisant toujours que ces deux éléments :

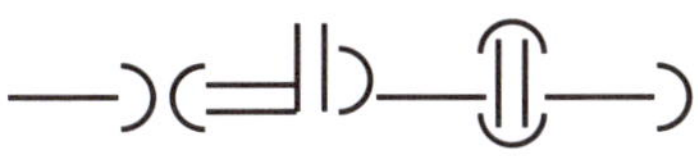

- L'objet à dessiner est imposé mais on ne peut utiliser que les deux éléments proposés. En utilisant toujours les deux mêmes éléments ——), dessiner, par exemple, une voiture (la taille des éléments pouvant varier).

# dessiner, c'est gagner !

Par groupes de 5 ou 6 . À tour de rôle, chaque enfant dessine un objet, une situation, une action. Les autres enfants de son groupe doivent deviner ce qui est représenté en un temps donné. Le temps pour effectuer le dessin est également fixé.

*Remarque*

- Les plus jeunes, s'ils ne savent pas dessiner, pourront remplacer ce jeu par celui "du mime" (mimer un métier, ou une action).

# les cartes-mémoires

Par équipe (2 à 5 partenaires). Les enfants réalisent un jeu de cartes ; sur chacune d'entre elles sont dessinés des objets très simples. Chaque carte est reproduite en double. Les cartes sont étalées sur la table. Les enfants repèrent l'emplacement de chacune d'elles ; puis elles sont retournées, les dessins n'apparaissant donc plus.
Le premier joueur, qui retourne une carte, doit se souvenir où est la carte identique et la retourner. S'il forme le bon couple de cartes, il continue. Sinon, c'est le joueur suivant qui joue et ainsi de suite. C'est le joueur qui a le plus grand nombre de "couples" qui gagne.

*Remarque*

- Le nombre de cartes va en augmentant au fur et à mesure des progrès réalisés en concentration.

## Variantes

- Les cartes à retrouver ne sont plus identiques mais complémentaires. Exemple :

| | |
|---|---|
| • 1 brosse à dent | • 1 tube de dentifrice |
| • 1 table | • 1 chaise |
| • 1 vis | • 1 tournevis |
| • 1 but de football | • 1 ballon de football |
| • 1 arc | • 1 flèche. |

- Sur chaque carte est dessiné un objet reproduit 1, 2, 3, 4... 10 fois. Sur des cartes complémentaires sont écrits les chiffres 1, 2, 3... 10. Puis les cartes sont retournées. Lorsqu'un joueur retourne une carte montrant un objet reproduit 5 fois, par exemple, il doit retrouver la carte sur laquelle est dessinée le chiffre 5 et ainsi de suite (inversement, s'il retourne un 4, il doit retrouver la carte sur laquelle sont dessinés les 4 objets identiques).

# exercices de VISUALISATION

*Technique de concentration par excellence, la visualisation est une méthode très efficace car elle permet de véritablement s'imprégner de l'objet à étudier.*

*Quel que soit l'exercice, il suffit de fermer les yeux et de "projeter" intérieurement l'image souhaitée. L'effort à réaliser s'oriente ensuite dans trois directions :*

- *augmenter le temps de concentration ;*
- *améliorer la netteté de l'image ;*
- *pouvoir, à volonté, projeter une ou plusieurs images (devenant alors un "scénario") ou suivre la progression du film qui se déroule.*

86

# le stop mental

Laisser passer les images qui défilent sur l'écran mental. Au "stop" du maître, effectuer un "arrêt sur image" (comme avec un magnétoscope) en essayant de conserver le plus longtemps possible la netteté de celle-ci.

*Remarque*

- Cet exercice peut être proposé en fin de relaxation ou à n'importe quel moment de la journée, notamment entre chaque nouvelle leçon. Il est tout particulièrement conseillé lorsque l'attention se disperse.

## Variantes

- Dessiner l'image.
- La décrire oralement.

87

# l'hologramme

L'holographie est une méthode de photographie permettant la restitution, en relief, d'un objet, en utilisant deux faisceaux lasers (méthode utilisée dans le cinéma dit "en relief"). Ici, l'image n'est pas à conserver à l'intérieur de son espace mental mais au contraire à projeter à l'extérieur de soi. Visualiser le plus nettement possible un objet (ballon, rose, voiture...) et le plus longtemps possible de façon à avoir le temps d'en préciser le contour et le contenu.

## Variantes

- Voir exercice précédent.

88

# comme en photo

L'enfant visualise son (sa) meilleur(e) ami(e). L'image doit être aussi nette, précise et détaillée que possible.

*Remarque*

- Au début de l'entraînement, il est préférable d'avoir les yeux fermés. Le silence est à priori recommandé. Cependant, avec de l'entraînement, ces visualisations peuvent se réaliser dans n'importe quelles conditions.

## Variante

- L'enfant "propose" à l'ami(e) ainsi visualisé(e) de faire quelque chose de précis : courir, manger, faire du vélo... L'image doit obéir à la consigne.

89

# le sac poubelle

En position de relaxation. Chaque enfant imagine un sac poubelle qui va lui servir à se débarrasser de ses soucis et stress du moment.
Texte possible :
*"Ta respiration est calme... chaque partie de ton corps est relaxée... Tu imagines à côté de toi un sac poubelle... Tu vas y jeter tout ce qui te gêne... Tous tes soucis... Tout ce qui ne te plaît pas... Ton sac poubelle est maintenant bien rempli... Tu n'as gardé que des belles choses... qui te font plaisir... qui sont agréables... Et le camion du bonheur passe enlever ton sac poubelle... Tu soupires... Ta respiration est encore plus calme... tout ton corps est relaxé..."*

*Remarque*

- Cette visualisation est particulièrement recommandée pour les enfants tendus, préoccupés, qui s'angoissent facilement.

90

# la potion magique

En positon de relaxation. Chaque enfant imagine boire une potion magique qui va le rendre plus calme, plus détendu et va également développer les qualités qui sont en lui : force, courage, adresse...

Texte possible :

*"Ta respiration est calme... Tu imagines une gourde contenant une potion magique... Cette potion est de couleur bleue... Tu peux sentir son parfum qui entre dans ton corps par le nez... Tu commences à boire cette potion magique... Elle se répand dans ta bouche... coule dans ta gorge... dans tes épaules qui se détendent grâce à elle... dans tes bras... tes mains... chacun de tes doigts devient tout bleu... Et la potion magique descend dans ta poitrine... colorie tes poumons qui laissent venir un gros soupir... Elle coule le long de ta colonne vertébrale... envahit tout ton dos... pénètre ton ventre qui se détend... coule à l'intérieur de tes cuisses... de tes genoux... de tes mollets... de tes pieds... Tu peux toujours sentir le parfum de cette potion magique... Il entre dans ton nez... s'infiltre dans tes joues... tes mâchoires... tes yeux... tes paupières... ton front... Ton corps est maintenant entièrement bleu, relaxé... Une douce lumière bleue, chaude, l'entoure... Tu flottes dans cette lumière bleue... Tu t'y sens léger comme si tu étais allongé sur un nuage bleu... Pour quitter cette relaxation, tu respires amplement. Tu laisses venir les soupirs... les bâillements... les étirements... Tu ouvres les yeux."*

*Remarque*

- En fonction de la maturité des enfants, on pourra être de plus en plus précis dans la description anatomique.

### Variante

- Utiliser ce que pourrait boire leur héros favori – par exemple un liquide couleur or, ou encore l'élixir de tel ou tel magicien...

# le bain de soleil

Soit en fin de relaxation, soit à n'importe quel moment de la journée, alors que les enfants sont assis à leur table. Chaque enfant s'imagine être envahi par la lumière du soleil.

Texte possible :

*"Tu respires amplement... profondément... Tu laisses s'échapper un soupir... Tu imagines un soleil chaud, lumineux... Il t'envoie ses plus beaux, ses plus précieux rayons... Grâce à eux tu vas te relaxer et en même temps être empli d'énergie... Ta main droite se réchauffe grâce à un rayon de soleil couleur or... Il détend et réchauffe ton poignet droit... ton avant-bras droit... ton coude droit... ton bras droit... ton épaule droite... ton aisselle droite... ton flanc droit... ta hanche droite... ta fesse droite... ta cuisse droite... ton genou droit... ton mollet droit... ta cheville droite... ton pied droit... Un autre rayon de soleil, lumineux, doré, chaud, touche ta main gauche... ton poignet gauche... ton avant-bras gauche... ton coude gauche... ton bras gauche... ton épaule gauche... ton aisselle gauche... ton flanc gauche... ta fesse gauche... ta cuisse gauche... ton genou gauche... ton mollet gauche... ta cheville gauche... ton pied gauche... Les rayons de ce magnifique soleil réchauffent ton ventre qui se gonfle d'énergie en inspirant et se détend en expirant...*

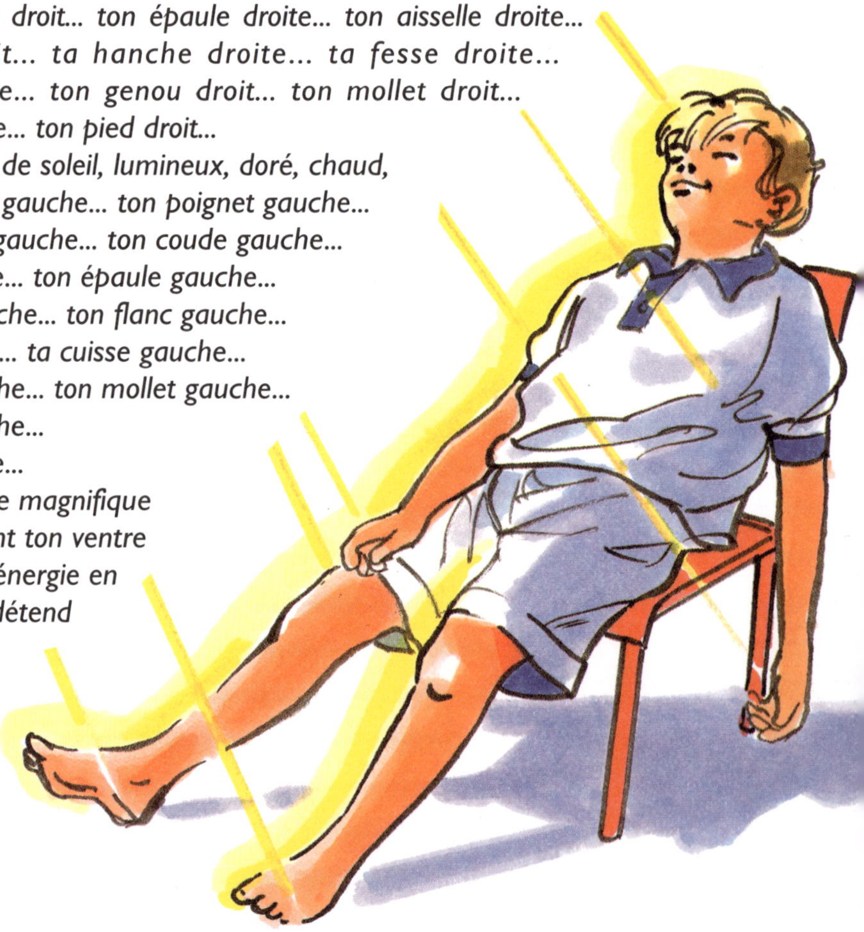

*Ces rayons touchent ta poitrine.. Ce ne sont même plus les rayons, c'est le soleil lui-même qui est dans ta poitrine... Tu sens ainsi une douce chaleur envahir tes poumons... une force pénétrer ton cœur... La lumière dorée de ce soleil envahit ton dos qui se détend, se relaxe... ton cou... et ta tête... Une douce lumière chaude circule dans ta bouche... tes lèvres... tes joues... tes yeux... tes paupières... tes sourcils... ton front... ton nez... Tout ton corps est ensoleillé... À la fois totalement détendu et plein de vitalité, d'énergie...*
*Pour quitter cette relaxation, tu respires amplement, profondément. Tu laisses venir les bâillements, les soupirs, les étirements".*

*Remarque*

- Cet exercice peut être l'occasion de donner aux enfants quelques notions concernant les lois de la transformation de la matière en énergie et, par conséquent, de les faire réfléchir : comment, par exemple, le simple fait d'absorber un morceau de viande et quelques pommes de terre permet-il de grandir, de pouvoir bouger... ? Pourquoi le soleil est-il indispensable et comment aide-t-il à la croissance des êtres ?

## Variante

- Pratiquer cette relaxation-visualisation en extérieur (allongé ou assis). Une occasion unique pour une leçon d'éveil "intérieur".

92

# je suis un arbre

Dans la cour de récréation, dans un jardin ou mieux encore, dans une clairière, au milieu d'un bois ou d'une forêt, les enfants vont s'imaginer se transformer en arbre. Ils sont debout, les pieds écartés de la largeur des hanches.

Texte possible :

*"Nous allons nous amuser à nous transformer en arbre... Chacun d'entre nous peut choisir celui qui lui plaît le mieux : bouleau, chêne, châtaignier, pommier, sapin... Attention, la transformation va commencer...*
*Porte ton attention sur tes pieds... Ils sont bien plantés sur la terre... et même dans la terre... Tu es enraciné... Tu es devenu solide comme tous les arbres autour de toi... Tes chevilles, tes mollets se transforment en bois... tes genoux, tes cuisses... On emploie le même mot tronc, pour un arbre ou pour un être humain...*
*Ce tronc est droit... Sur ce tronc, ta tête est bien posée...*
*Tes bras et tes mains sont devenus des branches, solides mais souples également... Tu es devenu un arbre, beau, grand, solide, solidaire de tous les autres... Tu es droit, bien enraciné... Mais tes branches sont souples... À chaque inspiration, tu captes la force de la terre par les pieds, l'énergie du ciel par le sommet du crâne...*
*À chaque expiration, tu transmets cette force, cette énergie à tout ce qui t'entoure : les êtres humains, les animaux, les plantes... à tout ce qui existe dans l'univers".*

*Remarque*

- Cette visualisation-transformation fait partie du processus normal d'évolution de l'enfant qui aime s'identifier à quelque chose ou à quelqu'un.

## Variante

- L'arbre qui marche : solide sur "ses pieds", l'arbre pourra se déplacer lentement, les bras-branches bougeant au ralenti.

# exercices de PRÉVENTION

*"La santé est un état de complet bien-être physique, mental et social (...)
La possession du meilleur état de santé qu'il est capable d'atteindre constitue l'un des droits fondamentaux de tout être humain, quelles que soient sa race, sa religion, ses opinions politiques, sa condition économique et sociale.
La santé de tous les peuples est une condition fondamentale de la paix du monde et de la sécurité, elle dépend de la coopération la plus étroite des individus et des États".*

ORGANISATION MONDIALE DE LA SANTÉ.

*Tous ces exercices ont pour objectif de lutter contre les mauvaises positions et permettent de se "défatiguer" rapidement.*
*Ils peuvent être effectués le matin à la maison, ou en arrivant en classe, pour s'éveiller, être plus disponible ; "l'exercice du pharaon" est particulièrement indiqué pour se défatiguer, se ressourcer, améliorer son attention.*

- *Dans une optique de prévention, on veillera également à ce que les enfants portent correctement leur cartable, sur le dos (comme les sacs à dos), en ayant vérifié au préalable qu'ils ne sont pas inutilement chargés.*
- *Sans oublier, bien sûr, les recommandations habituelles : une alimentation saine, en particulier avec un véritable déjeuner le matin ; un sommeil réparateur en se couchant tôt ; de très bonnes chaussures pour maintenir correctement les chevilles.*
- *Des exercices corporels nombreux, variés et sans excès, afin de ne pas accumuler de fatigue supplémentaire.*

93

# les ailes de l'hirondelle

Placer les bras tendus derrière le dos de la chaise et croiser les doigts. En inspirant, écarter les bras de la chaise. En expirant, les ramener (ainsi placés, les bras font penser aux ailes des hirondelles). Effectuer le mouvement 3 ou 4 fois.

94

# je touche le plafond

Assis sur une chaise, croiser les doigts et tendre les bras vers le plafond en inspirant. En expirant, ramener les bras le long du corps. À faire 3 ou 4 fois.

95

# mes mains se disent bonjour

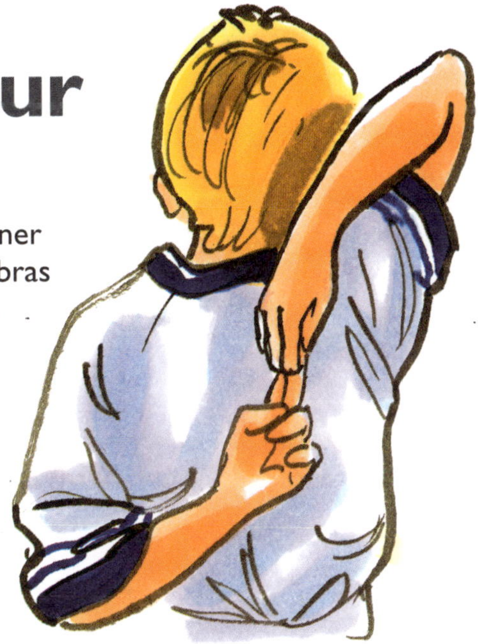

Étirer le bras droit vers le plafond puis amener la main droite entre les omoplates. Plier le bras gauche et placer la main gauche dans le dos pour toucher la main droite. En inspirant, écarter les coudes du tronc, puis les ramener en expirant. Effectuer 3 ou 4 fois le mouvement, puis inverser la position.

96

# se réveiller... à poings fermés !

En inspirant, lever les bras vers le plafond, puis placer les poings serrés derrière la tête. Poumons pleins, écarter les coudes vers l'arrière tout en poussant la tête, qui résiste, avec les poings. En expirant, ramener les bras le long du tronc. À faire 3 ou 4 fois.

97

# le chandelier

Avec les bras, former un "chandelier" : avant-bras perpendiculaires aux bras, eux-mêmes parallèles au sol. Quant aux paumes, essayer de les placer le plus possible parallèles au plafond. Rester ainsi le temps d'une dizaine de respirations lentes et profondes, tout en redressant le dos et en poussant le sommet du crâne vers le plafond.

98

# le chandelier se dévisse

S'installer dans la même position que celle décrite précédemment. Puis, en inspirant, placer tout le tronc en torsion à gauche (les bras ne bougent pas). Revenir dans la position initiale en expirant. Même principe à droite. Effectuer cet exercice 4 ou 5 fois de chaque côté.

99

# le danseur (ou la danseuse)

Étirer le bras droit vers le plafond puis, relaxé et plié au niveau du coude, le laisser au-dessus de la tête. Tout en laissant pendre le bras gauche le long du tronc, laisser tomber la tête sur le côté gauche. Puis décoller les fessiers de la chaise, laisser s'accentuer, sur chaque expiration, la flexion latérale gauche du tronc. Rester ainsi le temps d'une dizaine de respirations. Même exercice du côté droit.

100

# le pharaon (ou le roi du silence)

Tels les pharaons sur leur trône, s'installer le dos droit, mains ouvertes sur les genoux, paumes vers le ciel, bras légèrement pliés. Placer la tête dans le prolongement de la colonne vertébrale et pousser légèrement le sommet du crâne vers le haut. Les yeux fermés, le visage détendu, respirer calmement.

# en guise de BILAN

*Cette fiche d'évaluation et de suivi permettra d'avoir une vision claire et rapide du comportement des enfants par rapport aux différents thèmes proposés.*

*Il ne s'agit nullement d'un test, mais simplement d'un diagnostic : l'adulte pourra ainsi orienter les séances en fonction des résultats obtenus et des observations effectuées.*

# fiche d'évaluation

## Comment remplir cette fiche d'évaluation ?

La première colonne permet de faire le point sur l'état général de l'enfant, d'évaluer ses capacités et de noter d'éventuels problèmes. Puis, au fur et à mesure des séances, on remplira les colonnes suivantes afin de pouvoir noter les progrès.

Indiquer dans chaque colonne une réponse allant de 0 à 3.

0 = pas du tout, jamais.

1 = un peu, quelquefois, ou difficile

2 = beaucoup, souvent, ou facile.

3 = énormément, toujours, ou très facile.

| Attitude générale | Bilan avant la 1$^{ère}$ séance | À la fin de la 1$^{ère}$ séance | 2$^{ème}$ séance | 5$^{ème}$ séance | 10$^{ème}$ séance | 15$^{ème}$ séance |
|---|---|---|---|---|---|---|
| Expression orale facile | | | | | | |
| Expression corporelle générale aisée | | | | | | |
| A de l'énergie, de la vitalité | | | | | | |
| Est plutôt réservé, timide, ou expansif... (à noter) | | | | | | |
| Coordination motrice aisée | | | | | | |
| Habileté motrice aisée | | | | | | |
| Créativité | | | | | | |
| Souplesse générale | | | | | | |
| Travail scolaire aisé | | | | | | |
| Intérêt pour les A.P.S. | | | | | | |
| Est autonome | | | | | | |
| Est indépendant | | | | | | |
| Respecte les camarades | | | | | | |
| Jeu avec un(e) partenaire | | | | | | |
| Jeu avec plusieurs partenaires | | | | | | |
| Est à l'aise dans un groupe | | | | | | |
| Pathologie particulière (à noter) | | | | | | |
| Se plaint de maux de dos, de tête, de ventre... (à noter) | | | | | | |
| A progressé rapidement dans un domaine particulier (à noter : lecture, écriture, APS...) | | | | | | |

| | Bilan avant la 1ère séance | À la fin de la 1ère séance | 2ème séance | 5ème séance | 10ème séance | 15ème séance |
|---|---|---|---|---|---|---|
| **Respiration** | | | | | | |
| Respiration globale aisée | | | | | | |
| Essouflement après un effort peu intense | | | | | | |
| Problème respiratoire particulier (à noter) | | | | | | |
| Respiration abdominale aisée | | | | | | |
| Respiration thoracique aisée | | | | | | |
| Respiration sous-claviculaire aisée | | | | | | |
| **Concentration - Visualisation** | | | | | | |
| Concentration générale aisée | | | | | | |
| Concentration facile sur ce qui est dit | | | | | | |
| Concentration facile sur ce qui est écrit | | | | | | |
| Concentration facile sur des images | | | | | | |
| Concentration facile sur des mouvements | | | | | | |
| Visualisation facile sur des mouvements | | | | | | |
| Visualisation aisée pour tel objet, animal, personne, forme, couleur... (à préciser). | | | | | | |
| Visualisation difficile pour tel objet, animal, personne, forme, couleur... (à préciser). | | | | | | |
| **Relaxation** | | | | | | |
| Accepte la relaxation | | | | | | |
| Pendant la relaxation : | | | | | | |
| - Ne peut s'empêcher de parler | | | | | | |
| - Touche ou bouge les parties du corps nommées | | | | | | |
| - Ne peut s'empêcher de rire | | | | | | |
| - Ne peut s'empêcher de changer de position | | | | | | |
| - Ferme facilement les yeux | | | | | | |
| - S'endort | | | | | | |
| Après la relaxation : | | | | | | |
| - Reste allongé tranquillement | | | | | | |
| - Se lève aussitôt | | | | | | |
| - Bouge aussitôt | | | | | | |
| - Est relaxé profondément | | | | | | |
| **Verbalisation** | | | | | | |
| Bonne connaissance du vocabulaire anatomique | | | | | | |
| Est capable d'exprimer ce qu'il a vécu | | | | | | |
| Est capable d'exprimer ce qu'il a ressenti | | | | | | |
| Propose de nouveaux exercices ou des variantes | | | | | | |
| Vous en parle en dehors du temps de pratique | | | | | | |
| **Vos autres observations** | | | | | | |
| ...................................................................... | | | | | | |

# table des matières

**Introduction** ........ p 4

**En guise de mode d'emploi** ........ p 8

**Exemples de séances types** ........ p 16

## Exercices de préparation

1. Les mouvements naturels ........ p 20
2. Le jeu du stop ........ p 21
3. Les mouvements de la tête ........ p 22
4. Le jeu des moulins ........ p 23
5. Avec les épaules ........ p 24
6. Le cerceau ........ p 25
7. Le jeu des chiffres ........ p 26
8. La préparation au ski ........ p 27
9. La chaise molle ........ p 28
10. Le chat ........ p 29
11. Le chien ........ p 30
12. La grenouille ........ p 31
13. Le crabe ........ p 32
14. Le canard ........ p 33
15. Le serpent ........ p 34
16. Le papillon ........ p 35
17. L'araignée ........ p 36
18. L'ours ........ p 37
19. La mouette ........ p 38
20. Le demi-lune ........ p 39
21. La table pliante ........ p 40
22. Je me mets en colère ........ p 41
23. La balançoire ........ p 42
24. J'écrase un mégot ........ p 42
25. Les différentes façons de marcher ........ p 43

## Exercices de respiration

26. Le gros ballon ........ p 46
27. Le parapluie ........ p 46
28. J'imite le vent ........ p 47
29. Le gâteau d'anniversaire ........ p 47
30. La boule de cotillon ........ p 48
31. La bougie ........ p 48
32. Le ballon de baudruche ........ p 49
33. Le jeu de la paume ........ p 50
34. Le chant des voyelles ........ p 50

35. Le Bibendum ........ p 51
36. L'escalier ........ p 52
37. Le petit lapin ........ p 53
38. Je pousse fort ........ p 53
39. La petite fleur ........ p 54
40. La respiration du serpent ........ p 54
41. L'abeille ........ p 55
42. Le bûcheron ........ p 55

## Exercices de relaxation

Les différentes positions ........ p 58
43. Le pantin désarticulé ........ p 62
44. Le ballon crevé ........ p 63
45. La poupée de chiffon ........ p 64
46. La pendule ........ p 65
47. L'arbre magique ........ p 66
48. Le plongeon ........ p 67
49. Je m'en moque ........ p 68
50. Je suis timide ........ p 69
51. L'algue ........ p 70
52. L'essuie-glace ........ p 71
53. Le chewing-gum ........ p 72
54. Le jeu du sculpteur ........ p 73
55. Le petit train ........ p 74
56. La lampe électrique ........ p 75
57. La papillon butine ........ p 76
58. Le clignotant ........ p 77

## Exercices de concentration

59. J'entretiens mes yeux ........ p 80
60. Formes géométriques ........ p 80
61. Les associations d'idées ........ p 81
62. Dans un monde tout coloré ! ........ p 84
63. A l'écoute du monde ........ p 85
64. La devinette sonore ........ p 85
65. La nouvelle naissance ........ p 86
66. Les rythmes ........ p 87
67. S'il te plait, dérange-moi ! ........ p 88
68. Fais le clown ! ........ p 88
69. Faites vos comptes ! ........ p 89
70. L'alphabet humain ........ p 90
71. L'écriture extra-terrestre ........ p 91
72. Le mot le plus long ........ p 92
73. L'écriture à l'envers ........ p 93

74. La partie de cartes .......... p 94
75. Le dessin compliqué .......... p 95
76. Au voleur ! .......... p 96
77. Le jeu des erreurs .......... p 97
78. L'intrus .......... p 98
79. La promenade de l'aveugle .......... p 100
80. Le toucher de l'aveugle .......... p 101
81. Le jeu du miroir .......... p 102
82. Les premières lettres .......... p 102
83. Je crée des formes .......... p 103
84. Dessiner, c'est gagner ! .......... p 104
85. Les cartes-mémoires .......... p 105

## Exercices de visualisation

86. Le stop mental .......... p 108
87. L'hologramme .......... p 108
88. Comme en photo .......... p 109
89. Le sac poubelle .......... p 109
90. La potion magique .......... p 110
91. Le bain de soleil .......... p 112
92. Je suis un arbre .......... p 114

## Exercices de prévention

93. Les ailes de l'hirondelle .......... p 118
94. Je touche le plafond .......... p 118
95. Mes mains se disent bonjour .......... p 119
96. Se réveiller... à poings fermés ! .......... p 119
97. Le chandelier .......... p 120
98. Le chandelier se dévisse .......... p 120
99. Le danseur (ou la danseuse) .......... p 121
100. Le pharaon (ou le roi du silence) .......... p 121

## En guise de bilan .......... p 123

## Fiche d'évaluation .......... p 124

*Couverture et maquette : Emmanuelle Braine-Bonnaire*
*Mise en page : Nelly Flandrin*
*Impression : Pollina en janvier 2010*
*Editions Albin Michel*
*22, rue Hughens, 75014 Paris*

*ISBN : 978-2-226-06849-1*
*N° d'édition : 09806/05 _ N° d'impression : 52865*
*Dépôt légal : octobre 1994*
*Imprimé en France*